AMIGOS MEJORES

ALICIA GONZÁLEZ

AMIGOS MEJORES

CONSTRUYE AMISTADES SANAS, SUELTA LAS QUE NO LO SON Y CURA LAS HERIDAS DEL PASADO

montena

El papel utilizado para la impresión de este libro ha sido fabricado a partir de madera procedente de bosques y plantaciones gestionadas con los más altos estándares ambientales, garantizando una explotación de los recursos sostenible con el medio ambiente y beneficiosa para las personas.

Penguin Random House Grupo Editorial

Amigos mejores

Construye amistades sanas,
suelta las que no lo son y cura las heridas del pasado

Primera edición en España: septiembre de 2023
Primera edición en México: enero de 2025

ISBN: 978-607-385-354-5

Impreso en México – *Printed in Mexico*

A mis amigas, el tesoro más bonito de mi vida.
Y a mí misma, porque este libro me ha cambiado el corazón,
y por las veces que voy a acudir de nuevo a él.

ÍNDICE

INTRODUCCIÓN

Si tienes este libro en tus manos es porque, con toda seguridad, hay temas relacionados con la amistad que te inquietan. Tal vez dudes de tus amigos, tal vez no te sientas a gusto con ellos o quieras construir vínculos más profundos... Plantearte cómo puedes mejorar tus relaciones y, en consecuencia, tu bienestar, es el primer paso del camino. Este, el más importante, ya lo has dado, y en los siguientes voy a cogerte de la mano para que el recorrido te resulte lo más llevadero posible.

En estas páginas volcaré mi cabeza y mi corazón, mi alma, y mi cuerpo. Volcaré todo mi ser. Saborearé recuerdos y experiencias vividas, reviviré en las yemas de mis dedos algunas de las sensaciones que tenía hace años, me teletransportaré a momentos en los que apenas me reconozco, volveré a escuchar las voces y a sentir emociones de mi pasado. Haré todo esto porque, en cuestión de amistad, es tanto lo que he vivido a nivel profesional y personal que me parece necesario ponerlo en perspectiva y nutrirme de estas experiencias.

Me gustaría que tú también participaras y me acompañaras en esas sensaciones y visualizaciones, ya que, cuando mis palabras se queden cortas, intentaré ayudarme de todo lo vivido y de todo lo sensorial para transmitirte mi visión. Ahora mismo, mientras escribo estas líneas, estoy sentada en el sofá y me he puesto en la televisión una hoguera. Escucho el crujir de la madera y me imagino que estoy en Canadá, en otoño, con la montaña llena de colores naranja..., pero sin niebla; la niebla me entristece y me da frío. He encendido una vela de vainilla y, con este *mood* romanticón, voy a sincerarme contigo.

Cuando veo mi vida con perspectiva, siento mucha compasión hacia mí misma en cuanto a la amistad. Diría que siempre ha sido el centro de mi existencia y que he ido orbitando a su alrededor, como la Tierra con el Sol. A veces, me he acercado mucho y he vivido algo muy intenso y luminoso; otras veces, me he alejado y he intentado huir, con mucho dolor. Sin embargo, nunca he podido escapar de la amistad, como si la atracción de la gravedad me impidiera separarme de ella. Siempre tenía que volver a buscarla.

Me acuerdo de esa Alicia de siete u ocho años que pasaba mucho miedo en clase porque quería encajar. Esa niña repartía entre sus compañeras de cole las pulseras y los coleteros que su madre le había regalado por miedo a que la envidiaran o a provocar malestar. Esa niña jamás explicaba lo que le traían Papá Noel o los Reyes Magos porque no quería hacer sentir mal a nadie. Desde mi adultez, me doy cuenta de que esa Alicia se juntaba con amigas con mucho carácter que la manipulaban a su antojo. Ella era noble, buena e inocente, y como no entendía la forma de pensar de esas compañeras, se dejaba manipular con tal de hacerlas sentir bien y de encajar.

¿Y sabes qué le decían en casa cuando llegaba desilusionada con sus supuestas amigas? «Cariño, esto es envidia». Esta frase, dicha con todo el amor del mundo por unos padres que querían que el dolor me pesase menos, se convirtió en mi condena durante años. Y es que la Alicia adolescente siempre estaba alerta, no quería arriesgarse al resentimiento de las demás. Era desconfiada porque la relación con las mujeres de su alrededor estaba llena de hostilidad. Y, aun así, decidió no rendirse. Desde este sofá, observo de reojo cómo buscaba incesantemente esa amistad real, maravillosa, honesta y verdadera que deseaba tener y ofrecer.

Y la encontró, vaya que sí. Fuera del colegio, en clase de baile, conoció a Mar, que luego le presentó a Judit. Ellas se convirtieron en los grandes amores de su vida. Y después llegaron Ari y Rosa. Y, más adelante, Azahara, Carlota, Nuria, Rebeca, Sandy, Maggy, Sara, Laura, María y Marina. Escribo sus nombres y se me caen las lágrimas. Algunas ya no están en mi vida, otras estuvieron muy poquito tiempo, dejaron su huella y se marcharon, y algunas siguen a mi lado. Cuando miro atrás, siento lástima al recordar algún que otro momento oscuro, gratitud por su incondicionalidad y paciencia, y amor y ternura por su cariño. Ellas fueron mi norte en momentos de mucha soledad y me acompañaron en las pruebas que me impuso la vida. Fueron, y algunas siguen siendo, mi bálsamo de lágrimas, mi abrazo, mi tesoro. Hoy, a mis casi treinta años, estoy más satisfecha que nunca con mis amistades. Y no te lo digo para que pienses que soy el ejemplo de la amiga perfecta, créeme, no lo soy. Te lo comento porque...

sea cual sea tu situación y tengas la edad que tengas, estoy convencida de que vas a encontrar amistades que te llenen.

Si le hubiera dicho a la Alicia niña que hoy contaría con tantas buenas amigas, con las que poder expresarme con total naturalidad, no se lo habría creído.

En una época en la que estamos más conectados que nunca, la soledad nos asola, también, más que nunca. Parecería que, dado que estamos siempre compartiendo nuestra vida en redes sociales, tendríamos que sentirnos más vistos y acompañados. Sin embargo, la realidad es que nuestros vínculos se vuelven cada vez más vacíos o, como diría el sociólogo Zygmunt Bauman, más líquidos. ¿Cómo puede ser que mantengamos conversaciones con personas que están a kilómetros de distancia de nosotros y que a la vez nos sintamos tan lejos de aquellas que nos acompañan en nuestro día a día? Las relaciones interpersonales son más volátiles, menos duraderas, se han amoldado a la inestabilidad signo de nuestros tiempos. Vivimos en un mundo que se mueve muy rápido y que a menudo antepone la productividad a otros valores.

Si a este contexto le sumamos que apenas no tenemos un vocabulario para hablar de amistades, la frustración está servida. Hablar de las desilusiones amorosas, de rupturas y divorcios es habitual y está normalizado. Sin embargo, hablar de que no estamos a gusto con nuestros amigos, de que una amistad ha decidido «cortar» con nosotros o de que estamos pasando por un proceso de duelo porque un amigo ha dejado de serlo es prácticamente un tabú. Nos faltan recursos y ejemplos. Nos falta poder hablar sin tapujos de amistad de la misma forma que lo hacemos con las relaciones románticas. Porque lo que no se nombra no existe. Y a lo que no existe no podemos buscarle solución.

Te aseguro que hay muchas personas como tú y como yo que desean conectar genuinamente, que anhelan verse en los ojos de un amigo y sentirse seguras, queridas, admiradas y cuidadas. Las veo cada día en mi consulta: mujeres y hombres cargados de soledad, miedo y decepción, y con el corazón dispuesto a entender, a compartir y a ayudar a los demás. Todos ellos desean vincularse mejor, pero desconocen las herramientas que están en su mano para conseguirlo. Y ya no es solo una cuestión de bienestar personal, sino un tema de salud. Cada vez hay más estudios científicos que se interesan por la soledad, ¿y sabes por qué? Porque está íntimamente relacionada con un deterioro en la salud, un aumento de la mortalidad, unas probabilidades más altas de padecer enfermedades crónicas y mentales... Es hora de que pongamos el foco en las amistades para sanar en cuerpo y alma.

Dicen de la amistad que es una virtud tan alta como la justicia, un bálsamo de la vida y un refugio.

> ¿Por qué tendríamos que renunciar a ella? ¿Por qué tendríamos que pensar que tener una buena amiga o un buen amigo es cuestión de suerte?

¿Por qué no le podemos dar el mismo estatus que a las relaciones de pareja? Vamos a vivir muchísimos años y vamos a tener, casi con total seguridad, más amistades que parejas: ¿por qué no empezamos a dedicarles el tiempo y el trabajo que se merecen?

Tu papel en este camino para crear y cuidar amistades es importante y decisivo. En estas páginas aprenderás que tienes voz, voto y dirección, y que en ti hay infinitas herramientas para lograr disfrutar de vínculos especiales y sólidos. Si el jueves estás deseando que no llegue el fin de semana porque no tienes con quién hacer planes, si cuando es domingo por la tarde te acurrucas en el sofá mientras intentas convencerte de que estás bien sola y de que no necesitas a nadie, aunque te duela..., o si te sientes muy desdichada, triste e incluso ansiosa porque no tienes amigos y empiezas a entrar en una espiral autodestructiva en la que no paras de preguntarte: «¿Por qué no soy la prioridad de nadie?», este libro es para ti. Esta herida que ahora te duele tanto terminará cicatrizando. Te entiendo y te escucho. Y te prometo que lograrás transformar este dolor en autocompasión y amor.

Antes de empezar

Este libro es tu mejor aliado. Lo he escrito para que te acompañe a lo largo de los vaivenes de la vida y para que, como un buen amigo, puedas recurrir a él siempre que lo necesites. Léelo para encontrar refugio y deja que sus palabras te acaricien. Léelo con un lápiz en la mano y con la mente abierta, dispuesta a escucharte.

Al inicio de cada capítulo, encontrarás frases que puede que tú mismo hayas pronunciado. Son palabras que he escuchado en mi consulta, en boca de pacientes o de amigos y conocidos. Cuando las leas entenderás que muchas otras personas comparten tus inquietudes, y que no estás solo en esto. Es probable que también leas experiencias muy parecidas a las tuyas, ya que he incluido casos y me he inspirado en vivencias personales (eso sí, he cambiado los nombres). Espero que verte reflejada en otras personas te llene el corazón de cariño y afecto, y que sientas el abrazo de toda una comunidad.

Porque esta es mi intención: que te sientas apoyado en todo momento. Precisamente porque escribo para todos y quiero interpelar a todo el mundo, verás que a veces me dirigiré a ti en femenino y a veces en masculino. Querido lector, querida lectora, aquí tienes un pedacito de mí que espero que acojas con los brazos abiertos.

Por último, te pido un favor:

¡no dejes que este libro coja polvo en la estantería! Estoy convencida de que, junto a él, puedes crear cosas maravillosas y, sobre todo, amistades maravillosas.

LA AMISTAD: ¿UNA CUESTIÓN DE SUERTE?

¡Qué suerte tener esa complicidad, poder compartir carcajadas y sentir tanto amor por mis amigas!

¡Qué afortunada me siento de tener en mi vida a esa amiga que me entiende y con la que conecto tan profundamente!

No estoy teniendo nada de suerte con las amigas. Siento que no nos entendemos, discutimos a menudo y al final acaban yéndose de mi vida.

¡Qué mala suerte tengo! Siempre doy con supuestos amigos que acaban decepcionándome y haciéndome daño.

¡Qué desgraciada me siento...! Estoy fatal y no tengo a nadie a quien llamar.

Estoy casi segura de que si te pregunto cómo te sientes respecto a tus amistades pasadas y presentes, la palabra «suerte» aparecerá nada más empezar a formular tu respuesta. Igual que ocurre cuando hablamos de la salud o el dinero, tendemos a pensar en la amistad como una mezcla de algo que nos es dado por nuestro contexto y algo que hemos condicionado por nuestra forma de ser.

Desde pequeños hemos interiorizado este tipo de razonamientos: «Como es extrovertido, siempre está rodeado de amigos; como yo soy tímida, estoy condenada a la soledad». Pero de la misma manera que nos han enseñado a tener conciencia sobre la alimentación y el deporte para cuidar de nuestra salud, o que nos han insistido sobre la importancia de estudiar para asegurarnos un futuro mejor, en el terreno de la amistad también tenemos poder e influencia, así como capacidad de construir. Y esta es nuestra gran fortuna.

La idea de la suerte siempre me ha chirriado, la veo injusta e irracional. Si te apoyas demasiado en ella, te deja en manos del destino, despojada de la capacidad de actuar, dirigir, crear, escoger, impactar, cambiar.

Convierte tu existencia en una góndola sin gondolero que está a merced de las olas y del viento y que, en función del azar, llega a un puerto, a otro o se hunde.

Cuando responsabilizas al destino y a esa suerte mágica y a veces cruel de lo que te pasa, te conviertes en espectador de tu propia vida, condenado a resignarte y a sostener todo lo que venga, sea bueno o malo.

No, nuestra existencia no depende única y eternamente de la suerte.

> La vida es una góndola sometida a miles de factores externos, pero con un gondolero capaz de aprender a navegar y a decidir a dónde quiere llegar: tú.

Me niego a vivir en la inercia, sin hacer nada. Sé que tú tampoco lo quieres. Nadie quiere, así que vamos a cambiarle todas las tuercas al engranaje de nuestro cuerpo. ¡Dilo, amiga!

Nuestros primeros iguales

Echa la vista atrás, a cuando tenías tres o cuatro añitos y eran tus primeros días en el cole o en la escuela infantil. Fue en ese lugar donde empezaste a relacionarte o a interesarte por tus compañeros. Ese fue tu primer contacto con tus iguales, y nada tuviste que ver con la elección: lo decidieron tus padres. Fueron ellos quienes te inscribieron en el colegio que consideraron mejor para ti, y donde coincidiste con más niños y niñas a quienes sus respectivos padres habían matriculado en el mismo centro.

En ese espacio, puede que tuvieras **la suerte de coincidir con personitas afines a ti**, con las que encajabas y te llevabas bien. Tal vez coincidiste con personas que, pasados los años, han seguido un camino parecido al tuyo, con valores en común respecto a la amistad y que aún hoy forman parte de tu vida. Pero también puede ser que no. Si en tu caso es lo segundo, no hay absolutamente nada de malo en ti. Nada. Pues al inicio de nuestra vida las amistades surgen por azar.

Mi hija Emma acaba de empezar en la escuela infantil. Su padre y yo hemos decidido el lugar en el que va a relacionarse con sus iguales, y lo mismo ocurrirá cuando tenga que ir a la escuela primaria. ¿Emma tendrá la suerte de que aquellos compañeros de clase con los que se encuentre por primera vez se acaben convirtiendo en «su grupo de siempre»? Puede ser que sí, puede ser que no.

¿De qué depende?

- Una pizca de «mis padres o cuidadores han elegido este sitio por mí». *C'est la vie.*
- Otra pizca de «como me están queriendo en casa, aprendo a quererme yo».
- Un poquito de «como me estoy queriendo yo, empiezo a querer al otro».
- Otro poquito de «si nos enseñan o no en el colegio sobre inteligencia emocional». Hasta el momento ya sabemos la respuesta: divisiones, sí; emociones, no.
- Otra pizca de «yo puedo incidir en este trozo, pero todo lo demás depende de la otra persona».
- Muchas pizcas más de las circunstancias de vida de los demás, de las mías, de lo que nos ocurre, de lo que nos influencia, de los cambios, de los gustos, de la personalidad, del carácter...

Todos estos factores, que en su gran mayoría dependen del azar, podrían equilibrarse con una buena educación emocional que nos proporcionara herramientas tan esenciales como aprender a quererse a uno mismo, poner límites, saber escoger, agradecer o perdonar y pedir perdón. Pero la mayoría de nosotros no oímos hablar de ella en nuestra infancia.

La educación emocional que (no) hemos tenido

Seguro que recuerdas situaciones en el colegio que hubieran sido muy distintas si te hubiesen enseñado un mínimo de inteligencia emocional, límites, asertividad y responsabilidad afectiva. En mi caso quiero pensar que no hubiera estado tantos años en primaria yendo detrás de una compañera que me hacía sentir mal. Recuerdo que me preguntaba las notas de mis exámenes y yo se las decía, pero ella, en cambio, no me decía las suyas, o que cuando tenía una idea genial no la quería compartir conmigo porque decía que se la iba a copiar, o que a menudo me dejaba de lado y se iba a jugar con otras niñas..., pero yo seguía ahí. En mi casa me habían enseñado a ser buena, pero no a poner límites, así que yo me quedaba ahí, tragando. No me vengaba porque no quería ser como ella, pero tampoco expresaba de forma clara lo que necesitaba, porque creía que si lo hacía o bien no me tomaría en serio, o bien me quedaría aún más sola. Cuando eres adulta todo esto te parece una gran tontería, pero para una niña de ocho o nueve años es muy duro y siente una soledad devastadora.

De pequeños acostumbramos a movernos de manera inconsciente, como si tuviéramos un imán que decide por nosotros y que nos atrae hacia personas más o menos carismáticas. Puede ser que queramos aprender de ellas, o que las admiremos, las envidiemos o nos hagan sentir como en casa porque se parecen a lo que nos resulta familiar. Sin embargo, no todos los peques siguen esta inercia. He visto a niños rechazar comportamientos manipulativos, inconsistentes o que les hacían sentir mal gracias a que en sus hogares sí han recibido una educación emocional y saben lo que es el amor propio, la compasión y los límites.

A pesar de ser consciente, ahora, de que no reaccioné con esa supuesta «amiga» de primaria de la mejor forma para mí y mi bienestar, no me lamento por haberme quedado a su lado. ¿Sabes por qué? Porque no conocía otra manera de actuar. Amigo, amiga, no te culpes por no haber reaccionado en un pasado de la manera en la que lo hubieras hecho en el presente. No es justo que le exijas a tu yo de hace años haber sabido algo que has aprendido ahora. **Hiciste lo que pudiste con lo que sabías y tenías. Pero ahora sabes y sabrás más.**

> Tus experiencias pasadas no te definen, pero sí la forma en la que las integres en la historia de tu vida.

De la suerte a la responsabilidad

Ya no eres ese niño ni esa niña, así que es el momento de que te olvides de la suerte y la sustituyas por responsabilidad y empoderamiento. Ya no necesitas que te defiendan ni tienes un imán que te guía sin que puedas hacer nada; **en ti reside la capacidad de escoger, construir y cuidar para mantener relaciones que te suman y soltar las que te dañan.**

Si juntamos la poca (o nula) inteligencia emocional que nos han enseñado en casa y en el colegio con todas las desilusiones y fracasos que hemos vivido en la amistad, acabaremos pensando que hay algo malo en nosotras, que no tenemos esa suerte que algunas sí tienen y que, por tanto, no la vamos a tener nunca. ¿Y qué pasará? Que **esa creencia se volverá nuestra conde-**

na y que cuando se dé la oportunidad de conocer a alguien nuevo, es posible que:

- Lo vivamos con muchísima ansiedad y nos enganchemos como lapas, deseando que no se vaya.
- Anticipemos el duelo porque nos de miedo que desaparezca o se rompa la amistad y, en consecuencia, no nos abramos del todo para evitar el sufrimiento que estamos convencidas de que, tarde o temprano, llegará.
- Huyamos y evitemos la relación porque sintamos un miedo tan grande que nos bloquee por completo.
- Nos juntemos solo con chicos, «porque son más fáciles de tratar». Ay, amiga, esto tiene chicha y lo trataremos más adelante.

En resumen, deja a la suerte a un lado. **Pensar en el azar y en el destino como únicos responsables de tus relaciones solo te va a causar dolor.** Quiero que sepas que siento muchísimo todas las decepciones y todas las veces que has intentado tener amigas y ser una buena amiga de verdad. Siento en el alma que no te invitaran a ese cumpleaños al que el resto de la clase sí fue. Siento que te hicieran *bullying* dos compañeras de clase y que los demás no te defendieran. Que tus amigas quedasen a tus espaldas para hacer planes sin decírtelo a ti. Siento ese mensaje tan feo que te enviaron desde un número desconocido y que después te enteraste de que habían escrito tus amigas. Siento esas críticas que venían de lo que pensabas y anhelabas que fuera tu lugar seguro. Siento que no te permitieran ser quien eres. Siento todos los juicios, las críticas y la agresividad. Siento la humillación disfrazada de preocupación.

Siento tu dolor. Me imagino a esa tú, niña y adolescente, y quiero decirle que no había nada de malo en ella. Que nadie se merece que lo traten mal. Que, simplemente, te quedaste en el lugar incorrecto. Que no, querida, eso no eran amigas. Que lo que tú más querías en el mundo y estabas dispuesta a ofrecer es real, existe y lo puedes construir porque hay muchas personas que sienten y desean sentir como tú.

> Deja la suerte a un lado y cámbiala por responsabilidad.

En cuestión de relaciones conscientes, adultas y sanas, puedes guiarte por estos versos, que he adaptado del poema «Invictus», de William Ernest Henley, y a los cuales he añadido alguno más de cosecha propia:

Soy la ama de mi destino,
soy la capitana de mi alma.
Yo decido si me voy o si me quedo,
yo dirijo mi vida hacia donde quiero,
yo elijo con quién sí y con quién no.

No estás solo, no estás sola.
No eres una decepción ni un fracaso.
Eres importante.
Vales la pena.
Tienes mucho que aportar a los demás.
Tienes el poder y la capacidad de construir y de soltar.
Hay personas que se sienten, se han sentido y/o se sentirán afortunadas de tenerte a su lado.
Eres buena, aunque puedas estar cansada y quemada.

Y de un corazón bueno salen deseos bonitos de amor, de amar y de vincularte desde el respeto.
Y lo más importante: eres agente de tu vida, tienes poder para soltar, para cambiar, para irte y para construir relaciones sanas.

Resumen

- Cuando somos pequeños, hacer amigos depende de factores sobre los que no podemos decidir.
- Sin embargo, cuando somos adultos no podemos desresponsabilizarnos y achacar nuestras muchas o pocas amistades a la «suerte».
- Educar en inteligencia emocional desde pequeños es clave para aprender a relacionarnos.
- Un cúmulo de decepciones desde la infancia puede llevarnos a patrones nocivos con nuestras amistades.
- Tú tienes mucho más poder que el azar o el destino a la hora de cambiar tus circunstancias.

NO SOMOS ISLAS: VINCULACIÓN VS. SOLEDAD

Siento que no soy una prioridad para nadie.

Me siento tremendamente sola a pesar de estar acompañada.

A veces tengo la sensación de que doy mucho pero no recibo nada a cambio.

Antes que mal acompañada, prefiero estar sola.

Siento que mis amistades me van a abandonar en cualquier momento.

Dicen que la soledad es la epidemia silenciosa de nuestro tiempo. Cada vez más personas se sienten solas, y a menudo esta realidad no traspasa las cuatro paredes del hogar (de ahí que se diga que es «silenciosa»). Sin embargo, a veces esta soledad es elegida, y hay quien lleva la mar de bien pasar tiempo a solas e incluso quien lo prefiere a estar en compañía... ¿Seguro? Antes de ahondar en el tema, quiero hacerte unas preguntas. Tómate tu tiempo para responderlas con honestidad. A menos que desees lo contrario, nadie más va a saber lo que has contestado.

Mi punto de partida: ¿cómo llevo la soledad?

	SÍ	NO
1. ¿Te resulta complicado comunicarte con las personas?	☐	☐
2. ¿Te sientes raro e incómodo cuando estás solo?	☐	☐
3. ¿Estás más a gusto cuando estás solo que en compañía de familiares y amigos?	☐	☐
4. Si se cancela un plan con gente y tienes que quedarte solo en casa, ¿te causa sufrimiento o ansiedad?	☐	☐
5. ¿Tienes miedo a perder el control sobre ti mismo cuando estás solo?	☐	☐
6. ¿Te sientes inútil cuando estás solo?	☐	☐
7. ¿Sientes cierto orgullo por el hecho de que te guste estar solo?	☐	☐
8. ¿Experimentas alivio cuando te vas de un evento o de un plan en el que estabas acompañado de bastantes amigos y vuelves a estar a solas?	☐	☐
9. ¿Consideras que te gusta mucho estar a solas?	☐	☐
10. Si estás a solas, ¿necesitas escuchar música, podcasts o poner ruido de fondo porque te cuesta tolerar el silencio?	☐	☐

Si has respondido afirmativamente a alguna de las preguntas 1, 2, 4, 5, 6 y 10, debo decirte que tu relación con la soledad tiene aspectos que revisar. Cuanta más puntuación sumes en estas seis preguntas, significa que peor llevas la soledad y que deberás trabajarla. Haber respondido afirmativamente a las preguntas 3, 7 y 8 es un indicador sano de que disfrutas de la soledad buscada.

¿Por qué rechazamos la soledad?

Huimos de la soledad. Sí, aunque lo neguemos, de forma inconsciente la rechazamos. ¿Por qué? Para comprenderlo nos tenemos que remontar a muchos muchos años atrás. En los inicios de la humanidad, estar solo o ser expulsado del grupo era el preludio de una muerte segura. En el reino animal podemos observarlo de manera muy clara: las especies que se mueven en manadas utilizan el grupo como escudo y protección, y si un miembro se separa, ya sea por enfermedad, por edad o por despiste, corre un peligro de morir mucho mayor que el resto. En el caso de los seres humanos, a pesar de que hayamos evolucionado mucho y que racionalmente sepamos que estar solos no equivale a morir, **en nuestro cerebro siguen quedando resquicios que relacionan la soledad con el miedo**.

Cuando llegamos al mundo somos dependientes por completo, tanto que el abandono de nuestros progenitores supondría nuestra muerte real y asegurada. A medida que crecemos, esa dependencia hacia la familia o los cuidadores disminuye, pero nuestro miedo a la soledad no desaparece, como tampoco lo hace nuestra necesidad de pertenencia. Es en la adolescencia cuando empezamos a soltar la mano de nuestros padres o tutores y salimos a buscar la mano de un igual para cogerla con fuerza y descubrir nuestra identidad de manera más profunda. Seguro que has visto las típicas películas americanas de instituto, con esos comedores llenos de mesas abarrotadas de adolescentes que se agrupan en función de su estilo de ropa, la música que escuchan y la clase social a la que pertenecen. Por norma general, necesitamos pertenecer a un grupo, buscamos encontrarnos en los ojos de otra persona y ver que no estamos solos. **Necesitamos saber que no somos los únicos que sentimos, percibimos y entendemos el mundo de una manera concreta.**

Sin embargo, tenemos que perderle el miedo paralizante a la soledad. ¿Sabes por qué? Porque ese tipo de miedo solo hace que tus circunstancias empeoren, que no actúes y que acabes sintiéndote aún más solo. Pero tampoco quiero que desaparezca del todo, ya que dejaríamos de ser seres funcionales. El miedo, en su justa medida, hace que nos movamos en dirección contraria a lo que nos lo provoca, así que una pizca (¡solo una pizca!) de este hará que sientas la necesidad de conectar.

De la misma manera que tener sed nos indica que necesitamos beber para evitar la deshidratación, **la soledad nos advierte de que necesitamos una conexión emocional y social con alguien**, que es tan importante para nuestra alma y nuestro cuerpo como beber.

> Negar que nos sentimos solas por vergüenza o tabú es tan incoherente como negar que tenemos hambre o sed.

Pero ¿cuántas veces has visto a alguien decir en público que se siente solo? ¿A cuántas personas conocidas has visto admitir que se sienten solas? Me atrevo a decir que a muy pocas o que a ninguna. Nos avergonzamos de sentir soledad porque, en gran parte, lo relacionamos con que hay algo en nosotros que no funciona bien y que por eso nos quedamos solos. Nos culpamos de nuestra situación. Estas son algunas creencias que nos persiguen sobre la soledad:

- Nadie quiere estar con ella porque es rara.
- Es tan malo que se quedará solo.
- Es una marginada y por eso está sola.
- El karma ha hecho que se quede sola.

Hemos normalizado una barbaridad estas frases, pero son del todo injustas e irracionales. Es imprescindible que destronemos la soledad del estigma y del tabú. ¿Sabes por qué? Porque si no, **cuando nos sentimos solos, activamos una serie de mecanismos de defensa ocasionados por esa connotación de vergüenza** que hacen que empeore mucho más nuestra situación.

Si te paras a pensar, es posible que recuerdes a los mal llamados frikis o marginados de tu clase con una actitud a la defensiva, como si ante cualquier acercamiento inocente estuvieran preparados para atacar. Este rechazo se explica porque nuestro cerebro, cuando detecta que estamos en una posición de vergüenza, de marginación o de exclusión, se pone en modo supervivencia. Antes de que me ataques, lo hago yo. Antes de que me humilles, como ya anticipo que harás, marco las distancias.

Al sentirnos solos, aislados y desconectados, nos intentamos proteger construyendo muros que nos sepa-

ran del resto. Nuestra empatía hacia los demás se reduce de forma drástica, asumimos el rol de víctima y actuamos de forma más defensiva y rígida. Nos mantenemos a la sombra por temor a buscar ayuda, a salir, a exponernos y a experimentar. Es un pez que se muerde la cola: me siento solo, me aíslo, como me aíslo nadie viene, así que cada vez me siento más solo y más incapaz de salir a conectar, de mostrarme.

Por eso, querida amiga, el primer paso, y el más liberador, es identificar la soledad y reconocerla como quien reconoce que tiene sed y busca saciarla bebiendo agua. Sin juicios ni reproches. Yo te acompañaré a lo largo de este camino; recuerda que no estás sola a pesar de que te sientas así, estoy contigo a través de este libro. No te pediré que te apuntes al gimnasio, que anuncies en una publicación de Instagram que buscas amigos o que grites a los cuatro vientos que te has cansado de estar a solas. Las mejoras se consiguen poquito a poco y, sobre todo...

debemos anteponer la calidad de los cambios a la cantidad.

El apego: de cómo me han querido a cómo querré

Es posible que cuando empiezas a crear conexiones con los demás, ya sean nuevos compañeros de trabajo, amigos de amigos o los padres de los amigos de tus hijos, te des cuenta de que:

- Te da miedo expresar lo que te molesta por si la otra persona se enfada.

- Te sientes culpable constantemente si ves a la otra persona mal, aunque no tenga nada que ver contigo.
- Vives tus amistades con ansiedad y miedo, no puedes estar tranquila.
- Por un lado, quieres hacer amigos, pero, por otro, te incomoda mucho la cercanía.

Si has respondido afirmativamente a alguna de estas preguntas, puede que revisitar tu infancia te ayude a encontrarle un sentido a lo que te pasa hoy. Lo que sucedió cuando eras una niña influye en cómo te relacionas con los demás y en cómo los demás se relacionan contigo.

Durante la infancia construimos un vínculo con las personas más importantes en esa etapa, que suelen ser nuestros cuidadores. A este vínculo lo llamamos «relación de apego», y lo conformamos cada uno de nosotros y una «figura de apego». Se supone que la relación con dicha figura de apego tiene que asegurar el cuidado y un desarrollo psicológico saludable, pero no siempre es así. Lo que sí es cierto es que este primer vínculo construye las bases de apego que, al menos durante muchos años y hasta que queramos tener consciencia de ellas, servirán de guía y motor de los vínculos que establezcamos con otras personas.

Como te he comentado, **el apego está relacionado con la base de seguridad y protección de una persona para vincularse con su entorno**. Es decir, tenemos que sentirnos seguros y protegidos primero para, después, ser capaces de explorar el mundo y establecer vínculos sanos. Y me dirás: «¿Y esto cómo se hace?». Te cuento mi experiencia, por si te sirve. En mi caso, intento relacionarme con mi hija de manera en la que se sienta a salvo conmigo. Cada vez que me necesita porque tiene miedo, o porque llora, o porque está feliz, o por lo que sea que sienta, yo, como adulta, tomo la iniciativa y hago el primer ejercicio: **me autorregulo**. Quizá estoy estresada, cansada, enfadada... Pero sé que es importante que primero reduzca y regule mi emoción, para poder atender, después, la emoción de mi hija. Cuando atiendo a su emoción, ya que ella aún no puede hacerlo sola, llevo a cabo un proceso de **corregulación**. Si se da el caso de que es consciente de cómo se está sintiendo, la corregulación consiste, simplemente, en acompañarla. Si, por el contrario, ella no sabe qué es lo que le pasa, la corregulación empieza por darle nombre a cómo ella se está sintiendo y ayudarla a entender sus emociones. Si yo no sé distinguir cuándo estoy triste o irascible, no podré regularme y no seré una buena guía emocional para ella.

La autorregulación y la corregulación pueden garantizar que mi hija desarrolle un apego seguro conmigo y con su padre y, en consecuencia, que comprenda y exprese mejor sus emociones y necesidades cuando sea mayor. Sin embargo, no todos los padres han aprendido a autorregular sus emociones y a corregular las emociones de sus hijos, lo que da lugar a distintos tipos de apego. Estoy segura de que, al conocerlos, empezarás a encajar las piezas del puzle.

TRUQUITO: USA LA RUEDA DE LAS EMOCIONES.

A edades muy tempranas los niños no tienen las herramientas para comprender emociones complejas, por lo que es importante que sus cuidadores los guíen. Te recomiendo que, tengas o no tengas hijos, uses siempre esta rueda a la hora de trabajar tus emociones e identificar cómo te sientes.

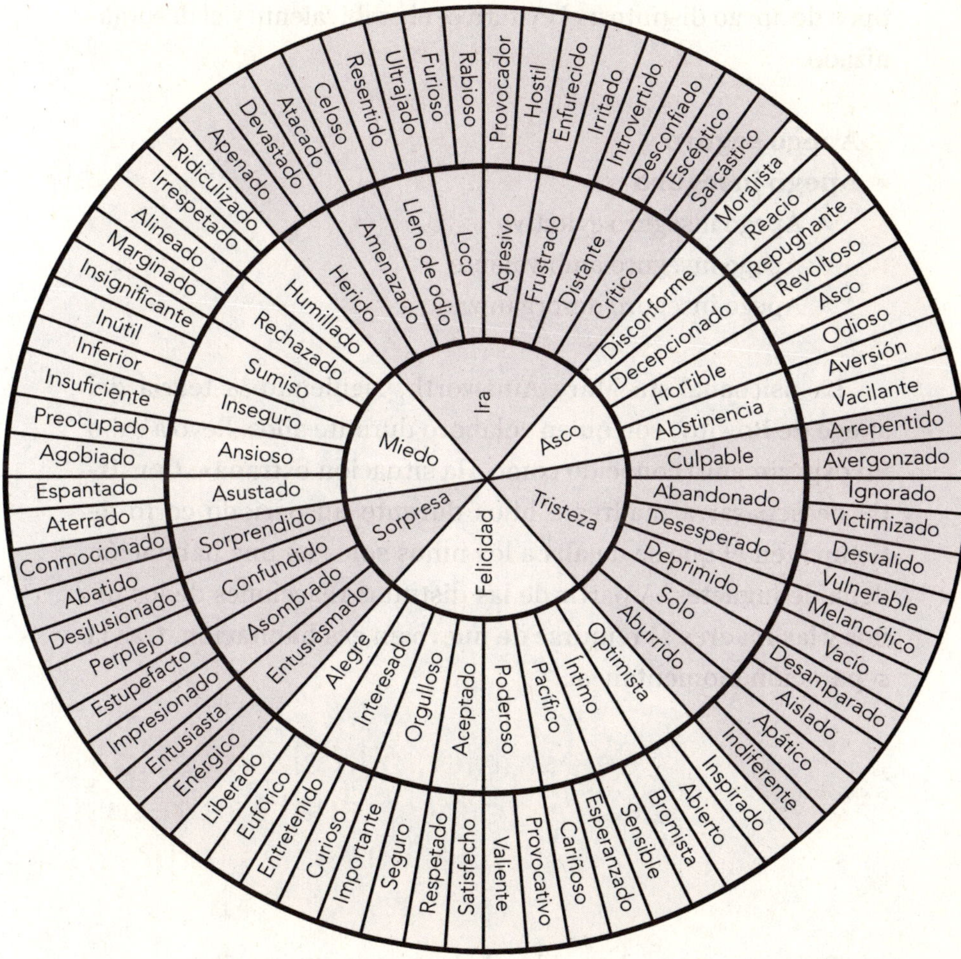
Ira
Asco
Tristeza
Felicidad
Sorpresa
Miedo
Loco
Agresivo
Frustrado
Distante
Crítico
Disconforme
Decepcionado
Horrible
Abstinencia
Culpable
Abandonado
Desesperado
Deprimido
Solo
Aburrido
Optimista
Íntimo
Pacífico
Poderoso
Aceptado
Orgulloso
Interesado
Alegre
Entusiasmado
Asombrado
Confundido
Sorprendido
Asustado
Ansioso
Inseguro
Sumiso
Rechazado
Humillado
Herido
Amenazado
Lleno de odio
Rabioso
Provocador
Hostil
Enfurecido
Irritado
Introvertido
Desconfiado
Escéptico
Sarcástico
Moralista
Reacio
Repugnante
Revoltoso
Asco
Odioso
Aversión
Vacilante
Arrepentido
Avergonzado
Ignorado
Victimizado
Desvalido
Vulnerable
Melancólico
Vacío
Desamparado
Aislado
Apático
Indiferente
Inspirado
Abierto
Bromista
Sensible
Esperanzado
Cariñoso
Provocativo
Valiente
Satisfecho
Respetado
Seguro
Importante
Curioso
Entretenido
Eufórico
Liberado
Enérgico
Entusiasta
Impresionado
Estupefacto
Perplejo
Desilusionado
Abatido
Conmocionado
Aterrado
Espantado
Agobiado
Preocupado
Insuficiente
Inferior
Inútil
Insignificante
Marginado
Alineado
Irrespetado
Ridiculizado
Apenado
Devastado
Atacado
Celoso
Resentido
Ultrajado
Furioso

Según John Bowlby, psicólogo pionero en hablar de apego, existen dos tipos de apego: el seguro, del que ya te he hablado un poco, y el inseguro. Dentro del apego inseguro, encontramos tres tipos de apego distintos: el evitativo, el ambivalente y el desorganizado.

- **Apego seguro**
- **Apego inseguro**
    - Apego inseguro evitativo
    - Apego inseguro ambivalente
    - Apego inseguro desorganizado

La psicoanalista Mary Ainsworth, siguiendo la teoría del apego de Bowlby, con quien colaboró durante años, llevó a cabo un experimento conocido como «la situación extraña». Consistía en separar a madres e hijos durante un periodo corto de tiempo, en el que se dejaba a los niños solos en una habitación llena de juguetes. A partir de las distintas reacciones de los niños y las madres al reunirse de nuevo en esa habitación, tras la separación momentánea...

se estableció la clasificación de apegos y se analizaron sus consecuencias futuras.

Te lo resumo en las tablas de las siguientes páginas.

ASÍ LO APRENDÍ	ASÍ ME CUIDARON	ASÍ LO MANIFIESTO AHORA
APEGO SEGURO	**RESPUESTA A LAS NECESIDADES**	**ME QUIERO Y TE QUIERO**
Algunos niños muestran mucho sufrimiento cuando las madres no están, pero se calman enseguida y vuelven a explorar el entorno cuando llegan y les ofrecen consuelo. Otros niños siguen divirtiéndose con los juguetes cuando las madres se van, ya que están convencidos de que van a volver.	Los cuidadores han respondido a las necesidades emocionales y físicas del niño. Le han dado espacio, lo han validado y lo han acompañado en todo momento, haciendo que confíe y sienta seguridad y calma para explorar el mundo que le rodea.	• Puedo formar relaciones sanas, con independencia, conexión y seguridad. • Me muestro con prudencia y sin temor al rechazo.

ASÍ LO APRENDÍ	ASÍ ME CUIDARON	ASÍ LO MANIFIESTO AHORA
APEGO INSEGURO EVITATIVO	**RECHAZO A LA CONEXIÓN**	**NO NECESITO A NADIE**
Cuando su madre regresa a la sala, los niños ignoran o rechazan su contacto y consuelo. Evitan la conexión emocional, lo cual se relaciona con una sensación de rechazo constante y de poca valía.	Los cuidadores han rechazado activamente los intentos de conexión con el niño o se han aislado cuando han detectado emociones negativas en sus bebés.	• Por supervivencia, para dejar de sentirme rechazado, bloqueo las emociones y huyo de aquellas relaciones que me provocan sentimientos. • Me cuesta mucho intimar, conectar y mostrar afecto. • Me cuesta mucho poder apoyar a los demás cuando están pasando por un momento complicado. • Me creo muy independiente, frío y distante, pero en el fondo no sé lidiar ni con mis emociones ni con las de los demás. • Prefiero contar conmigo que con los demás. • Las relaciones me provocan mucho sufrimiento y prefiero seguir solo a sufrir.

ASÍ LO APRENDÍ	ASÍ ME CUIDARON	ASÍ LO MANIFIESTO AHORA
APEGO INSEGURO AMBIVALENTE	**INTERMITENCIA**	**DOY MUCHO Y NUNCA ES SUFICIENTE**
Cuando su madre vuelve con ellos, los niños se muestran enfadados y pasivos. Por un lado, oscilan entre la búsqueda y la apertura emocional para conectar con los cuidadores, y el rechazo por haberles «abandonado». Por otro lado, se muestran pasivos y solo son capaces de acercamientos muy sutiles de consuelo, como si buscaran una madre que no se encuentra allí.	Los cuidadores han sido impredecibles, disponibles ocasionalmente. Han atendido a las necesidades del niño de manera intermitente.	• Vivo en constante desconfianza, miedo y ansiedad por separación. • Necesito comprobar de forma constante que esa persona me quiere y que desea seguir estando en mi vida. • Tengo ansiedad y miedo por si esa relación se termina. • Si la otra persona se enfada, asumo que es culpa mía. • Me he acostumbrado a la intermitencia, al «ahora sí, ahora no», pero me causa dolor. • Desarrollo relaciones de dependencia emocional.

ASÍ LO APRENDÍ	ASÍ ME CUIDARON	ASÍ LO MANIFIESTO AHORA
APEGO INSEGURO DESORGANIZADO	**INTERMITENCIA Y VIOLENCIA**	**LAS RELACIONES SON UN SINVIVIR**
Los niños se muestran asustados, confusos, apáticos. Buscan y rechazan al progenitor, asustados. Les cuesta manejar la angustia cuando la madre vuelve. Se muestran en alerta constante, ya que no saben cómo reaccionará su cuidador.	La figura de apego representa simultáneamente una base segura y una fuente de peligro. Los cuidadores han atendido las necesidades emocionales del niño de manera intermitente, y además han presentado actos violentos, abusos o agresiones.	• Revivo el trauma en todas mis relaciones. • Me preocupo constantemente por si los demás sienten por mí lo mismo que yo siento por ellos. • Estoy en constante alerta. • Reprimo mis emociones. • Acepto en mis relaciones conductas violentas. • Asumo el rol de sumisión. • Tengo problemas para confiar y poner límites.

Me escucho: ¿cómo me quisieron y cómo aprendí a querer?

Ahora que has leído sobre el apego puede que te hayas sentido identificada con alguna de estas experiencias y formas de relacionarte. En general, la mayoría de nosotros tenemos una mezcla de tipos de apego dependiendo de con quién nos relacionemos.

Te animo a que reflexiones sobre ello, cojas papel y boli y respondas a estas preguntas:

1. ¿Cómo era la relación con tus primeras figuras de apego (cuidadores, madres, padres, tutores, abuelos...)? ¿Con qué tipo de apego lo relacionas?
2. ¿Hay algún patrón que se repita en tus relaciones actuales y pasadas? ¿Qué emociones o comportamientos tienes la sensación de que se repiten?

Si te has sentido identificada con algún estilo de apego inseguro, espero que no te hayas abrumado. Desde aquí te abrazo con todo el cariño del mundo, porque ese es el primer paso que tenemos que dar en el camino hacia un apego seguro. La buena noticia es que el apego no es rígido, se puede trabajar. **No eres ni serás una víctima para toda la vida de lo que has aprendido y vivido en casa.**

Establecemos vínculos que se parecen a lo que ya hemos experimentado porque es lo que conocemos y porque carecemos de herramientas para poder cambiarlo. Sí, habremos visto películas, nos habremos fijado en los padres de nuestros amigos, habremos observado a las parejas que nos rodean... y es probable que hayamos visto cosas distintas. Sin embargo, nuestro cerebro tiene un doctorado en ignorar y justificar lo que percibe para evitar el sufrimiento. Por lo tanto, al ver esas otras formas de vincularse más bonitas, funcionales y sanas, es posible que hayas pensado que eso no está hecho para ti.

Por eso es tan difícil cambiar el estilo de apego, porque primero debes darte cuenta de cuál es el tuyo para después trabajar en aceptar que quizá lo que has aprendido no es correcto ni debes seguir tolerándolo. Grábatelo a fuego: **tú mereces lo que anhelas y es posible otra realidad para ti.**

Tengo una muy buena noticia: podrás trabajar en ti sola, pero para sanar del todo un estilo de apego y volverlo lo más saludable posible te será imprescindible vincularte, abrirte, ponerte a prueba y experimentar cosas distintas con otra persona. **Ese último paso en el camino hacia el apego seguro requerirá del otro, de su mirada, de su cariño y de su cuidado.** Todos llevamos una mochila de piedras con todos los errores, decepciones, heridas y traumas de nuestra vida.

> No podremos vincularnos profundamente a alguien que no sea consciente de su mochila o que no quiera compartirla con nosotros.

Las heridas emocionales: de cómo me he sentido a cómo me siento

Además de los estilos de apego, es interesante ahondar en las heridas emocionales. Se trata de secuelas de momentos traumáticos o situaciones dolorosas repetidas en el tiempo a edades muy tempranas. No hace falta sentir que hemos tenido una infancia dura para tener heridas. Anabel González, psiquiatra especializada en trauma, sostiene que, si no todos, la mayoría de nosotros tiene una o más heridas emocionales.

Si viajásemos en el tiempo como adultos y observásemos esas situaciones que a nuestro yo niño le resultaron dolorosas, quizá nos parecerían una tontería y las justificaríamos de forma instantánea. Sin embargo, esas heridas se crearon a través de los ojos de un niño y de su manera de entender la realidad. No tienen por qué responder a eventos traumáticos, pueden aparecer debido al cúmulo de situaciones que hoy podríamos percibir como ordinarias y que, en cambio, nos han producido dolor.

Quizá en el momento en el que pedí ayuda a mi madre, ella no tenía tiempo para atenderme porque estaba haciendo la cena y estaba agobiada porque se acercaba la hora en la que tenía que irme a la cama. Pero lo que yo entendí fue que mi problema o mi necesidad no eran tan importantes como lo que ella estaba haciendo y, desde mi sentir de niña, pensé que mi madre me estaba rechazando y que no era su prioridad. Quizá ese beso que no me quiso dar mi padre fue porque acababa de fumar un cigarrillo a escondidas mientras intentaba dejarlo y no quería que le oliese a tabaco. Pero lo que yo entendí era que no quería darme un beso porque no era tan importante para él y que en ese momento no le apetecía.

Con las heridas emocionales ocurre lo mismo que con las heridas físicas: si las ignoramos y tapamos en vez de curarlas, se pueden infectar o pudrir. Es decir, pueden dirigir nuestra vida y dejarnos con una sensación de impotencia y frustración, haciéndonos pensar que somos personas desdichadas por naturaleza.

Según la autora canadiense Lise Bourbeau, pionera en este campo, existen cinco heridas fundamentales: la de rechazo, la de abandono, la de traición, la de injusticia y la de humillación.

De estas, las dos primeras concretamente pueden tener un papel muy relevante en la forma en que establecemos vínculos de amistad. Es cierto que todas afectan a nuestros vínculos, pero mi experiencia y la vida hacen que me decante por estas primeras dos.

La herida de rechazo

Esta herida puede surgir si, por parte de uno o ambos progenitores, nos hemos sentido invisibles, si ha habido favoritismos, si hemos pensado que somos un estorbo, si hemos sentido que no somos suficiente... La criatura con esta herida aprende que sus cuidadores la rechazan y empieza a percibir que el resto del mundo también. Si no nos damos cuenta, es probable que la arrastremos cuando formamos relaciones de amistad.

Fíjate en los ejemplos que te pongo a continuación. ¿Te sientes identificado con alguno de ellos?

1. **María:** Creo que no le importo a la gente. Me siento rechazada, y me da tanto miedo sentirme así que prefiero no relacionarme con nadie para no sufrir.
2. **Ana:** Tengo la sensación de que doy mucho (cuido a mis amigos, me esfuerzo para que se sientan bien, tengo detalles con ellos...) y no recibo nada a cambio. De verdad que intento dar la mejor versión de mí, ser la amiga perfecta, pero como sigue sin funcionar, me lleva a pensar que no les importo o que hay algo malo en mí, ya que ni dándolo todo se me valora. Cuando me equivoco, me causa tanto sufrimiento que me bloqueo y no sé reaccionar porque me da mucho miedo que me rechacen, y pienso que todo es culpa mía. Me siento tremendamente sola aun estando acompañada.

3. **Rut:** En realidad no sé si me gustan mis amigos. Hay veces que sus reacciones y su modo de actuar no me gustan, pero tampoco le he dado muchas vueltas. Me da más miedo quedarme sola que seguir quedando con ellos.
4. **Marcos:** Si te soy sincero, mis amigos me tratan fatal. No sé ni por qué sigo quedando con ellos, pero no hacerlo me genera ansiedad. Creo que, si dejase de ir, tampoco se darían cuenta. No me prestan atención y tampoco me preguntan cómo estoy cuando no aparezco. Aun así, no puedo soltarlos.
5. **Elena:** Me da miedo expresarle a mi amigo lo que me ha molestado por si se enfada, y me da vergüenza decirle lo que necesito por si lo ve una tontería y también se lo toma a mal.

1. María. Tengo rechazo y miedo al sufrimiento

→ Cuando el miedo al rechazo hace que nos aislemos, nos acabamos sintiendo tremendamente solos. Este estado de soledad nos refuerza la idea de que no somos suficiente para que nadie nos quiera. ¿Eres consciente de que, paradójicamente, María acaba provocando, con su actitud, algo de lo que quiere huir? Sin embargo, no es del todo descabellado que escoja alejarse, ya que **nuestro cerebro no está programado para ser feliz, si no para sobrevivir, y a menudo, sobrevivir implica evitar el sufrimiento**.

Creemos que evitamos sufrir si no nos exponemos a situaciones que nos dan muchísimo miedo, pero acabamos experimentando mucho más dolor porque, aunque primero pensemos: «Menos mal que no tengo que ir esta tarde a este plan», lo que hay debajo de la superficie es un: «No soy capaz de ir, tengo muchísimo miedo», y eso es lo que acaba pesando más. **Nuestra**

cabeza nos quiere proteger, pero si no cogemos el volante nos conducirá hacia un abismo muy oscuro de inseguridad y temor, a pesar de sus buenas intenciones.

2. Ana. Doy demasiado y me sigo sintiendo sola

→ Por favor, vuelve a leer el ejemplo de Ana y piensa en tus amistades. ¿Dónde crees que te estás colocando? ¿Al lado de tu amiga, compartiendo responsabilidades y obligaciones, o directamente solo, como único responsable de la evolución de la amistad? **No todo depende de ti y no tienes todo el poder ni la responsabilidad ni la carga.** Quítate de ahí.

Me escucho: ¿por qué me entrego tanto?

A partir del ejemplo de Ana, reflexiona sobre tus amistades y responde a estas preguntas. Es importante que distingas entre los «por qué», que apuntan a las causas y al pasado, y los «para qué», que apuntan a tus propósitos y al futuro:

- ¿Por qué tienes que ser perfecta?
- ¿Para qué tienes que ser perfecta?
- ¿Por qué le das tanto a esa persona?
- ¿Para qué le estás dando tanto a esa persona?
- ¿Qué esperas recibir?
- Eso que esperas recibir, ¿crees que es demasiado?
- Y si crees que es demasiado, compáralo con lo que tú das.
- ¿Sigues creyendo que es demasiado? Lo dudo, amigo, lo dudo.

---

3. Rut. Evito enfrentarme porque tengo miedo

→ Voy a hacer de pitonisa y a adivinar lo que siente Rut cuando está con sus amigos: soledad. Se siente sola aun estando acompañada. Y eso, amiga, es terrible. Las personas como Rut se pasan la vida estando sin estar. No se muestran tal y como son porque no sienten que estén en un lugar seguro, ya que no pueden exponer su vulnerabilidad con unos amigos que no les encajan. **Cuando estamos acompañados pero no sentimos conexión, empatía, pertenencia e inclusión, el abismo y el vacío se hacen mucho más evidentes que cuando estamos solos.**

4. Marcos. Me quedo porque no merezco algo mejor

→ La herida de rechazo a veces se manifiesta en la percepción de que todo el mundo nos rechaza. Vemos ese rechazo dirigido hacia nosotros en todos lados, y entendemos esta situación desde la emoción y no desde la razón. Es decir, como captamos lo que pasa a nuestro alrededor a través de nuestros sentidos y percepciones, **si tenemos un sentimiento de insuficiencia, todo lo que percibamos afirmará y confirmará que somos insuficientes, que nos tratan mal, que tenemos que quedarnos porque somos nosotros los que tenemos el problema y que no somos dignos de cariño.**

5. Elena. Me bloqueo emocionalmente y tengo miedo

→ Si de pequeños hemos aprendido que hablar de nuestras emociones conlleva una discusión, es normal que de adultos arrastremos ese miedo y evitemos el conflicto. Por ejemplo, si cuando teníamos una pesadilla y nos hacíamos pipí en la cama se lo decíamos a mamá y ella nos gritaba y humillaba, es probable que de mayores evitemos la confrontación. Con su actitud, ella no validaba nuestras emociones en un momento en el que éramos muy vulnerables, y solo se enfocaba en su propia frustración al tener que cambiar las sábanas en plena noche... En resumen, el incidente terminaba teniendo más que ver con ella que con nosotros.

El cúmulo de «pequeñas» experiencias como estas, o el hecho de haber vivido una de ellas como un evento traumático, puede conllevar que, más adelante, seamos nosotros los que no validemos nuestras emociones, nos culpabilicemos y evitemos, así, el conflicto en nuestras relaciones.

La herida de abandono

Esta herida se produce en la infancia cuando hemos sentido la ausencia física o emocional de nuestros progenitores, ya sea de uno o de ambos. Hay muchos acontecimientos «ordinarios» que pueden provocar esta circunstancia y esta percepción: el nacimiento de un hermano, que uno de los padres sufra una enfermedad, que los progenitores trabajen muchas horas mientras el niño está al cuidado de otras personas...

La consecuencia de esta herida es que tenemos la necesidad imperante de sentirnos valiosos, queridos y seguros, aunque eso no significa que busquemos siempre relaciones sanas. He acompañado en infinidad de ocasiones a personas en terapia con una herida de abandono muy evidente y que estaban atrapadas en relaciones tóxicas, intermitentes, que repetían, agrandaban y mantenían esa herida abierta.

Para comprender mejor en qué consiste la herida del abandono, lee los ejemplos de la página siguiente y pregúntate si te ves reflejado en alguno de ellos.

1. **Sandra:** Reconozco que necesito saber a menudo que mis amigas me quieren, me necesitan y que aporto algo en sus vidas. Como sé que no puedo estar preguntándoles constantemente si me quieren, no paro de esforzarme, de tener detalles y de ser la mejor amiga... Lo hago por recibir esa frase que me da calma, ese cumplido que me valida. Pero el efecto tranquilizador de sus palabras me dura muy poco tiempo...
2. **Eli:** Siempre me pasa lo mismo y me provoca mucha angustia. Cuando por fin empiezo a conectar con alguien que acabo de conocer, me da tanto miedo que se termine que saboteo la amistad y me voy.
3. **Lucía:** Soy consciente de que mis amigos no me quieren ni me valoran, pero me da pánico quedarme sola.
4. **Alberto:** Soy incapaz de tomar decisiones solo, siempre tengo que consultarlo todo con mis amigos y amigas. Pero si te digo la verdad, en el fondo no necesito que me digan lo que tengo que hacer... Les consulto porque necesito sentir que estoy acompañado, que tengo un apoyo y que no estoy solo. Al final, sin darme cuenta, acabo volviéndome superdependiente porque muchas veces tomo decisiones que realmente no quería tomar con tal de respetar ese consejo que me han dado. Voy perdiéndome hasta no saber quién soy y me convierto en la sombra de mis amistades.
5. **Nuria:** Soy la mamá de mis amigas, siempre me explican todos sus problemas y creo que soy su pilar. Pero ¿sabes qué me pasa? Cuando sé que han hecho algo sin mí, me entra un miedo que no logro comprender. ¿Será que necesito que me necesiten y eso me hace egoísta? ¿Soy mala persona por querer que dependan de mí?

1. Sandra. Doy mucho y recibo muy poco

→ Las personas que actúan de esta manera suelen ser conscientes de su necesidad, porque justamente es lo que les crea esa sensación de angustia. Estudian en detalle cada paso que dan en las relaciones porque temen equivocarse, es decir, tienen miedo de cometer cualquier error que provoque un alejamiento por parte de la otra persona. ¿Qué conlleva eso? **Dependencia y un enfoque absoluto hacia el otro para obtener esa recompensa que alivia en el momento, pero que dura muy poco.**

2. Eli. Evito porque no quiero sufrir

→ Las personas que temen el abandono de forma exagerada sienten que esta sensación se intensifica a medida que conocen y sienten apego y un mayor vínculo con la otra persona. Dado que esta conexión creciente es imposible de controlar al cien por cien, prefieren irse y ser ellas quienes abandonen. Se dicen: «Si me voy y soy yo la que tomo la decisión, al menos controlo yo», lo que crea la falsa sensación de que «así duele menos». Siento decirte que no, no duele menos. Incluso puede ser peor, ya que después de abandonar a alguien aparecen los famosos pensamientos obsesivos que empiezan por «y si». ¿Y si hubiera funcionado?, ¿y si no se hubiera ido?, ¿y si estaba equivocada? Estas preguntas se juntan con la devastadora sensación de no ser capaces de crear una relación que dure. **Al cerebro no le gustan los finales abiertos, el descontrol y lo inesperado. El control, en cambio, le da placer. El orden y la predictibilidad dan paz.**

3. Lucía. Tengo miedo a la soledad

→ Lo peor de este caso es que Lucía es consciente de que sus amigos no la valoran y, aun así, decide seguir donde no debe. Nuestro cerebro es buenísimo rellenando huecos y justificando causas injustificables, por lo que intenta encajar u olvidar todas aquellas vivencias y palabras que nos han causado dolor, y así evitar que nos alejemos y suframos aún más. La cabeza hace el siguiente razonamiento: «Si me voy, sufriré más; conclusión: no me puedo ir». Así que aguantamos, construimos realidades paralelas y sobrevivimos. Pero lo que no sabe nuestra cabeza, aunque a partir de ahora ya no tiene excusa, es que **sufriremos mucho más quedándonos donde no nos quieren toda la vida que pasando un duelo para dejar espacio a nuevas relaciones que se conviertan en lugares seguros.**

4. Alberto. Sufro de baja autoestima y dependencia emocional

→ Giorgio Nardone acuña un término que me encanta, «psicotrampa», para referirse a los mecanismos psicológicos que nos hemos construido para sobrevivir a determinadas situaciones. Como hemos visto en el ejemplo anterior, nuestra cabeza no para de tejer redes para protegernos del dolor. Quizá al leer el ejemplo de Lucía hayas pensado que se trata de un mecanismo rebuscado y complicado. Te aseguro que este laberinto se puede recorrer en milésimas de segundo, porque cuando vives desde la herida te vuelves un experto en evitar el sufrimiento. Acabas instrumentalizando a las personas sin siquiera ser consciente de ello, como es el caso de Alberto, que las usa para sentirse apoyado. El problema es que a menudo esos salvavidas no resultan ser tal cosa, sino una trampa que nos montamos y en la que nos quedamos atrapados, como en el ejemplo: te pido opinión para sentirme protegido y acabo dependiendo de ti para funcionar.

5. Nuria. Necesito que me necesiten

→ Te presento un bucle que se retroalimenta solo: ayudar me hace sentir necesitada e importante, lo que me lleva a afirmar que, si me necesitan, no me van a abandonar, lo cual calma mi inseguridad de sentirme abandonada. ¿Qué ocurre? Cuando sentirnos necesitadas nos tranquiliza, es porque hemos basado nuestra identidad en este rasgo, que nos hace sentir seguras. Sin embargo, si por lo que sea la dinámica cambia y sentimos que no nos necesitan, lo pasamos muy mal, ya que relacionamos la individualidad del otro con nuestra soledad inminente. Si actúas así, quiero que sepas que no eres mala persona, ni tampoco eres egoísta. Eres una persona con miedo y que solo busca sentirse válida e importante. Pero recuerda que **ser la salvadora no es tu única cualidad, no es lo que te hace indispensable. Eres mucho, muchísimo más, y no tienes que esforzarte para que nadie te quiera y te necesite.**

La herida de abandono nos puede hacer actuar de todas las maneras que has visto en los ejemplos anteriores. Quizá te hayas sentido identificado con uno, con varios o con todos, y no pasa nada. Significa que estás conociéndote y trayendo al plano consciente todo aquello que estabas haciendo «sin darte cuenta». Lo estás haciendo bien, sigue así.

Me escucho: ¿cuáles son mis heridas?

Para seguir en la senda del autoconocimiento, te propongo que cojas papel y boli y respondas con sinceridad a estas preguntas. Escribirlo te ayudará a reordenar parte de tu caos interno y a que expreses sensaciones que no eres capaz de identificar de otro modo. Esto te dará pistas de por dónde empezar para que algunas de tus heridas cicatricen.

1. De pequeño, ¿a quién le pedías ayuda cuando tenías miedo? ¿A qué solías tenerle miedo? ¿Algunos de estos miedos siguen vivos hoy?
2. ¿Tu manera de ser ha sido la misma a lo largo de toda tu vida? ¿Ha habido algún acontecimiento que te haya hecho cambiar alguna parte de tu personalidad?

Llegados a este punto quizá te preguntes: «¿Qué tiene que ver esto de las heridas emocionales con la soledad?». **Ambas tienen algo en común: el miedo irracional a sentirte solo.** Miedo a sentir ese vacío, a no ser visto, a no importarle a nadie, a tener que enfrentar los problemas y desafíos de la vida en completa soledad.

La soledad impuesta

Todo ser humano, en mayor o menor medida, se ha sentido o se sentirá solo alguna vez. Aunque hayamos tenido un apego supersaludable y no arrastremos heridas emocionales, en algún momento u otro tendremos que convivir con la soledad. A esta soledad la llamamos soledad impuesta, ya que, al contrario de la soledad deseada, quien la padece no ha decidido aislarse, sino que la vive desde la incomodidad. Es decir (y esto vale para todo el capítulo), una cosa es estar solo por voluntad propia y otra muy distinta es sentirse solo (y, como hemos visto, podemos sentirnos así aun estando acompañados).

Podemos clasificar esta soledad impuesta en racional e irracional. La soledad racional se da cuando, por lo que sea, no has invertido en tus amistades y de repente llega el día en el que te das cuenta de que no tienes a nadie. Quizá han pasado unos años en los que has estado muy enfocado o atrapado en una relación de pareja, o quizá has priorizado tus estudios o has dedicado mucho tiempo a unas oposiciones, tal vez has tenido hijos y te ha resultado difícil compaginarlo todo... En cualquier caso, estás, literalmente, solo.

En cambio, **la soledad irracional poco tiene que ver con la realidad**. Se da cuando, por ejemplo, y a mí me ha pasado, te quedas mirando al infinito y te viene a la mente que nadie sabe por lo que estás pasando ni lo que te sucede... Conectas con la soledad. Sin embargo, es un sentimiento irracional porque esa realidad podría cambiar en el momento en el que cogieras el teléfono y se lo contases a alguien. Pero ¿lo ves? Incluso cuando no es cierto que no tenemos a personas que se preocupan por nosotros, podemos sentirnos solos y cuestionarnos si somos importantes para los que nos rodean, si existe alguien a nuestro alrededor que nos vea, a quien le interese nuestra vida y que haría cosas por nosotros.

A lo largo de las sesiones de terapia y de las muchas conversaciones que he tenido por redes sociales con mi comunidad digital, me he dado cuenta de que hay una serie de situaciones que hacen aflorar esta soledad irracional. He recopilado aquí las que más me han repetido, para que seas consciente de que muchas de ellas, aunque se vivan como ciertas para quien las experimenta, en realidad no tienen por qué serlo.

Te puede abrumar la soledad cuando...

- Te quedas sola un sábado por la noche porque no tienes con quién salir a tomar algo.
- Te enfadas con tu pareja y te da apuro molestar a los demás con tus problemas.
- Tu amiga se queda embarazada y tú no tienes pareja o planes de ser madre en mucho tiempo.
- Tienes la certeza de que tus amigas tienen un grupo de WhatsApp en el que no estás.
- Tienes un problema en el trabajo y sientes que no puedes confiar en nadie para expresarte.
- Tienes una buena noticia que dar y no sabes con quién compartirla porque crees que vas a crear una situación incómoda.
- Sientes que tu familia es la única que está dividida y, en cambio, todo el mundo a tu alrededor celebra las fechas señaladas con sus seres queridos.
- Tienes un día *mierder* y no tienes a quién llamar.
- La única amiga que tenías traspasa un límite muy grave para ti y sabes que, si se acaba la amistad, no te queda nadie más.
- Comes sola porque no tienes a nadie más con quién hacerlo.

La soledad que nos construimos

Como ves, en cuestión de soledad **la manera en la que miremos al mundo que nos rodea importa**, y te diré por qué. A veces, cuando vivimos alguna de las situaciones de la lista anterior, creemos que estamos solos, cuando en realidad estamos en una gran mentira que hemos construido nosotros mismos. A menudo acabamos haciendo realidad esta mentira al aislarnos de nuestros seres queridos y empezar a tratarlos como si fueran desconocidos que en un futuro cercano nos herirán. ¿Te acuerdas del pez que se muerde la cola del inicio del capítulo? Pues eso.

A veces, mientras andamos ajetreadas en nuestra vida de estudios-casa, niños-trabajo-casa o pareja-trabajo-casa, nos preguntamos: «¿Acaso sabe mi amiga que estoy enferma?». Y nos lamentamos porque pensamos que no le importamos en absoluto. Se nos olvida que ella vive igual o incluso más ocupada que nosotros. Esperamos a que esa conexión nos encuentre, a que sea la otra persona la que inicie la conversación, la que proponga el plan, la que se acerque. **Juzgamos y tapamos el anhelo de conexión con el enfado.**

Pero sé sincera contigo misma: lo que te pasa es que la echas de menos.

Otras veces nos quejamos de la falta de iniciativa: «Siempre tengo que empezar yo la conversación. Si no le digo nada, ni me llama». En ese caso, te invito a pensar qué momento vital está viviendo la otra persona: ¿ha sido siempre así contigo? Si es que sí, quizá no te valora lo suficiente o no eres tan prioritario en su vida como lo es ella para ti. Si este es el caso, deberás tomar decisiones que te ayuden a colocarla en un lugar que duela menos. Pero si ese no es el caso y su ausencia es cosa de un momento puntual, debes entender que la vida nos zarandea a todos. Algunas veces no podemos estar hacia fuera porque estamos invirtiendo nuestra energía en repararnos por dentro. En el caso de que tu amiga esté hacia dentro porque lo necesite, deberás despersonalizar y evitar el razonamiento emocional (ve a la página 88, sobre las distorsiones). No tiene nada que ver contigo, sino con ella.

TRUQUITO: PIENSA EN EL OTRO ANTES DE ACTUAR.

Antes de dictar sentencia sobre alguien porque sientes que «pasa de ti», piensa en sus circunstancias vitales: ¿está en un momento de estrés?, ¿ha habido algún cambio en su vida?, ¿tiene mucho con lo que lidiar? Haz memoria de alguna vez en la que tú hayas estado desconectada de una amistad (puede ser esta o cualquier otra) por motivos ajenos a la otra persona. Cuando lo hayas reflexionado, decide cómo quieres actuar, pero no antes.

Sea como fuere, cuando sientas que vuestra conexión es inconsistente, poco frecuente y que os estáis alejando, te invito a que envíes un mensaje y rompas con esa mentira que te dice que estás destinada a quedarte sola. Escríbele a tu amiga y dile: «Tía, te echo de menos, noto que nos estamos alejando, necesito que pasemos tiempo juntas y ponernos al día. Me haces mucho bien». Dicho esto, es importante que diferencies si sientes nostalgia y tristeza o si lo vives como un vínculo estresante... En este caso, antes de dar el paso te sugiero que leas el capítulo 6 sobre límites en las relaciones.

La trampa del individualismo

Nos quedamos dentro de nuestra casa, que decoramos con todo el cariño del mundo, y nos construimos ahí un refugio. Llamamos a nuestros amigos después de haber estado llorando, de habernos aislado, escondido y fingido. Tenemos la sensación de que al resto del mundo todo le va bien, de que tienen una vida perfecta y que, por tanto, somos nosotros el problema. Nos encerramos porque, si no nos ven, no nos van a conocer. Y con tanta protección, con esos muros tan altos, nos acabamos sintiendo miserables y solos. Es como si dijéramos: «Quiero que me quieran, pero no me dejo querer». Lo disfrazamos de amor propio y de amor a la soledad, pero lo que realmente tenemos es miedo.

Me escucho: ¿cuándo fue la última vez que...?

Necesito que hagas memoria y recuerdes las últimas veces que hiciste algo de tu día a día acompañado. Responde a estas preguntas:

1. ¿Cuándo fue la última vez que hablaste por teléfono con una amiga o amigo? (WhatsApp no cuenta).
2. ¿Cuándo fue la última vez que pasaste la tarde con alguien sin tener un plan elaborado?
3. ¿Cuándo fue la última vez que una amistad te acompañó a hacer algo rutinario (hacer la compra, ir a buscar a los niños al cole, ir contigo a comprar un regalo...)?
4. ¿Cuándo fue la última vez que un amigo o amiga te dio un abrazo?

El individualismo ha hecho muchísimo daño a las relaciones. ¿Te das cuenta de que todo lo hacemos solos? ¿La compra? Solos. ¿Los trámites del banco? Solos. ¿Ir a la peluquería? Solos. ¿Criar a nuestros hijos? Solos. **La era del individualismo nos ha hecho creer que hacer las cosas siempre acompañados es señal de debilidad, de baja autoestima y de dependencia.** Nos han empujado a actuar en soledad y nos han forzado a sentirnos bien con ello. El individualismo te dice que debes aprender a estar solo hasta que lo disfrutes, porque así no dependerás de nadie que pueda hacerte sufrir, por quien te puedas preocupar, que tenga la capacidad de mover tus planes, de cambiarte la vida. ¿Es esta la mejor opción? ¿No progresamos precisamente gracias al vínculo con el otro? Puede que el amor conlleve sufrimiento, sí, pero ¿y lo muchísimo que vale la pena?

Yo prefiero una vida con amor y sufrimiento, llena de amor de amigas, que una vida solitaria y con el corazón envuelto en papel de burbujas.

Creo que los defensores del individualismo no son conscientes de que la soledad puede ser muy dañina. En el pueblo de mi padre, años atrás, las mujeres iban a hacer la colada a la fuente que había en la plaza. Se juntaban cada tarde para lavar la ropa a mano, y ahí pasaban las horas, riendo, llorando, compartiendo. La modernización llegó y con ella las lavadoras en todas las casas. Las mujeres ya no se reunían, y pensarás: «Pues mejor, porque debía ser agotador lavar la ropa a mano...». Pues resulta que empezaron a deprimirse, a ponerse enfermas más a menudo, a tener más ansiedad... No se veían como cada tarde, no compartían sus penas, sus alegrías y, en definitiva, su vida. Se habían aislado. Déjame decirte algo: a veces, la soledad es peor para la salud que algunos malos hábitos, como el tabaquismo o la obesidad.

En una sociedad que premia el individualismo, es fácil que caigas en la trampa. Recuerdo que durante el primer año de universidad estuve en una residencia. Mi habitación lo tenía todo:

cocina, baño con ducha, escritorio y cama. Me encantaba acabar las clases, ir allí, cocinar mientras veía una serie, pasar los apuntes a limpio, ver otra serie, dormir, y así repetidamente. Me daba sensación de cobijo, de protección. Pero conocí a Laura, que iba a la misma clase y a la misma residencia. Era un terremoto. Me hacía acompañarla cada noche al jardín a fumarse un cigarrillo. Al principio me daba muchísima pereza moverme y oler el tabaco, pero ¿te puedes creer que cuando volvía a la habitación estaba mucho más feliz? Estar sola me aletargaba. Laura me aportaba felicidad. Laura me movía, me meneaba, me llamaba para ir a su habitación, me forzaba a salir de mi cueva y, cuando volvía, tenía la energía arriba del todo. Me recargaba. Era, como se suele decir ahora, una persona vitamina.

> La soledad es una trampa. Cuando te acostumbras e incluso la disfrutas, puede volverse adictiva y salir de ella se convierte en todo un reto.

Cuando creemos que de verdad estamos bien solos hasta el punto de no necesitar a nadie, construimos una trampa y nos metemos dentro. Con el tiempo, ese amigo dejará de llamarte y, de repente, un día te preguntarás cómo está, tendrás ganas de contarle algo, te apetecerá verlo o necesitarás su ayuda, pero serás incapaz de escribirle o de llamarle. ¿Sabes por qué? Porque te sentirás raro, incómodo. Pensarás: «Después de tanto tiempo, me da palo decirle de quedar. ¿Qué va a pensar?». Metido en tu propia trampa, anhelarás conexión, pero tú mismo te la negarás. Es aquí cuando empezarás a experimentar la soledad como algo muy negativo y triste. Fíjate qué rápido la soledad pasa de ser tu fortaleza a tu condena. Y eso, en gran parte, es porque no acabamos de interiorizar que **por mucho que nos guste estar solos, ne-ce-si-ta-mos a las personas**. Necesitamos contacto, una mirada, una sonrisa, un abrazo. Negarlo es una pérdida de tiempo y es peligroso, ya que puede llevarnos a tener conductas tóxicas para con nosotros mismos.

Hace unos meses compartí mesa con un grupo de mujeres desconocidas que me invitaron a comer. Marga es una mujer maravillosa que organiza encuentros con personas que le parecen interesantes. El trato es que, entre todas los asistentes, le pagan la comida al invitado a cambio de una charla.

Yo fui a uno de los eventos que organizó y me lo pasé genial. Aprendí muchísimo de cada una de las mujeres que estaban en la mesa, pero hubo una de ellas que me marcó.

Imagínatela conmigo: morena, de unos treinta y cinco o cuarenta años, de mirada dulce y sonrisa cariñosa. Estas fueron sus palabras:

«Alicia, creo que me estoy autoengañando. A lo largo de mi vida he tenido decepciones en cuanto a amistad, así que he intentado hacer lo que siempre me han recomendado: no tenerle miedo a la soledad, intentar estar a gusto conmigo misma. Llevo años disfrutando de esa soledad, o eso creo. Y te digo que dudo, porque llega un momento en el que tengo miedo y me invade una tristeza absoluta. Estoy en casa haciéndome el *skincare*, pintándome las uñas y, si te soy honesta, me falta una amiga con la que reírme y hablar. Sí, estoy bien sola, no me molesta el silencio, pero cuando pienso en llamar a alguien, siempre acabo saboteándome. Pero, eh, lo hago muy bien, me digo cosas como: "Pero si estás genial sola, ponte una serie con la mascarilla y luego te das un baño, ya verás qué a gusto. ¿A quién vas a llamar ahora con la hora que es?". Y mientras me digo esto, me siento bien, segura. Pero llevo muchos meses en los que, aunque no quiera verlo, estoy triste... En el fondo creo que lo que pienso es: "¿Quién va a venir? Todo el mundo tiene su vida". También tengo miedo a compartir. Cada vez me he vuelto más superficial con mis amigas, me abro menos, me protejo más. Y, a la vez, cuando me cierro y no dejo que entren, tampoco siento ese cariño, ese amor incondicional del que tantos hablan... No sé cómo salir de aquí».

TRUQUITO: CUIDA LO QUE TIENES.

Las relaciones se transforman, pero jamás deben darse por sentadas. Corre a mandarle un wasap a tu amigo o amiga diciéndole cuánto le quieres y por qué le quieres tanto. Ten un detalle que te lleve tiempo y dedicación. Abraza mucho. ¿Eres muy afortunada? Os lo habéis currado, y eso es un tesoro, una pasada, y algo muy diferente. Somos infinitos e insustituibles. Niégate a perder a las personas de tu vida que te aportan tanto y tan distinto. Sus colores, sus perspectivas y su cariño son una parte fundamental de ti.

Amiga, amigo, si te has visto reflejada en alguno de los testimonios y de las muchas historias personales de este capítulo, te dedico estas palabras:

Te veo, te entiendo.
Qué duro es.
La soledad es desgarradora, como un peso en la boca del estómago.
Sientes pena y desdicha, lo sé.
Te abrazo con todo todo mi cariño.
No estás solo, de verdad. Nos pasa a tantos... A muchos más de lo que crees.

Resumen

- La soledad asusta porque va contra nuestra propia naturaleza.
- El miedo a la soledad no debe ser mayor que el miedo a vincularte con los demás.
- Si repites patrones cuando formas relaciones en las que siempre acabas sufriendo, quizá tengas que trabajar alguna herida emocional o tu sistema de apego.
- La soledad puede combatirse con herramientas.
- Hay gente que desea conectar con esa misma intensidad que tú anhelas.

CONÓCETE: VERÁS QUE NO HAY NADA MALO EN TI

A veces pienso que si no tengo amigos es por mi culpa.

Algo habré hecho mal si todos mis amigos me decepcionan.

Estoy rodeada de gente y aun así me siento sola.

Siento que, cuando estoy en un grupo grande, no acabo de ser yo.

Un día en el que se alinearon los astros, mi madre, de sesenta y seis años, mi padre, de setenta y tres, y mi hermano mediano, de treinta y seis, coincidimos y comimos los cuatro en casa de mis padres. Hablando de todo un poco, salió el tema de la amistad. Mi madre dijo: «La verdad es que creo que tengo un concepto de la amistad demasiado idealizado, porque solo me he llevado decepciones. He llegado a pensar que el problema lo tengo yo por darle tanto valor y que debería hacer como los demás, no idealizarlo tanto o, simplemente, dar menos de mí. Pero cuando intento hacerlo no me siento cómoda, porque yo no soy así. Vuestro padre y yo nos hemos llevado muchas decepciones, ¿verdad, cariño?». Mi padre asintió y dijo que tener un amigo, un amigo de verdad, es muy difícil.

Mi hermano Cristian es muy carismático. Tiene amigos hasta debajo de las piedras. Es supersociable, muy abierto y agradabilísimo. Sin embargo, tiene un filtro muy fino a la hora de dejarte entrar en su vida íntima y permitir que te quedes. Eso siempre me ha gustado de él. Sabe muy bien lo que le gusta y lo que no le gusta de una persona, y tiene cero problemas en soltar a alguien y cerrar la puerta de forma indefinida. Es algo que admiro de él porque a mí, como a tanta otra gente, me cuesta una barbaridad dejar ir.

Durante la comida, él me dijo: «Mira, nena (en casa me llaman así), amigos de verdad, tengo dos o tres. No hablo con ellos cada día, pero cuando los veo, cuando me llaman, cuando los he necesitado, están ahí de forma incondicional. Antes tenía más, pero ya me conoces, cuando veo algo que no me gusta, hago la cruz muy rápido. ¿Por qué tengo que ser colega de alguien que no me gusta como es? ¿Por qué tengo que mantener a según quién en mi vida? ¿Que tengo dos amigos? Pues ya me puedo dar por satisfecho». Y se quedó tan ancho, ¿qué te parece?

Como ves, mis padres y mi hermano representan dos extremos a la hora de vivir la amistad. Por un lado, mi hermano corta sin problemas y pasa página en dos días y, por otro, mis padres llevan muchísimos años siendo «amigos» de personas que sienten que les han fallado reiteradas veces. Me dicen: «Bueno, cuando me han hecho algo que me duele, aprendo hasta dónde puedo contar con ellos, y no me decepciono», pero es mentira. Yo he visto a mi madre lamentarse porque una supuesta amiga no la llamase cuando llevaba una semana enferma. He visto a mi padre ponerse muy triste con según qué comentarios de su «amigo». Son ya mayores y **siguen sintiendo vacío y decepción por amistades que no les corresponden, a la vez que esperanza por encontrar a alguien que piense y sienta como ellos.**

En uno de esos momentos de drama que con el tiempo niegan haber tenido, he escuchado a mi madre criticar e invalidar su manera de pensar con la siguiente frase: «¿Será que hago las cosas mal? ¿Será que tengo yo un problema?». Si tú también te has hecho esta pregunta en algún momento de tu vida, te animo a que sigas leyendo para averiguar qué está pasando.

Pertenecer o ser uno mismo: ¿una contradicción?

En el capítulo anterior he hablado sobre la importancia de pertenecer, de la manada, del grupo. Cuando escuché las palabras de mi madre, me di cuenta de que ella notaba que no pertenecía al mundo que le rodeaba en lo referente a la amistad. Se sentía fuera, aparte, como un pez que nada en dirección contraria a la de todos los demás, que siguen la corriente sin esfuerzo, mientras él se agota intentando mantener el rumbo que considera correcto.

En esa perspectiva de error es donde está el problema. Me explico: el sentido de pertenencia es una necesidad tan primaria como la vida misma, pero no solemos enfocarlo bien. La psicóloga Brené Brown tiene una frase magistral que logra transmitir mucho en muy pocas palabras: **«Nuestro sentimiento de pertenencia nunca puede ser mayor que nuestro nivel de autoaceptación».** En su libro *Desafiando la tierra salvaje* define así la pertenencia:

> La pertenencia es la práctica espiritual que consiste en creer en ti mismo y en pertenecer a ti mismo tan profundamente que puedas compartir tu yo más auténtico con el mundo y describir lo que hay de sagrado tanto en formar parte de algo como en sostenerse solo en un territorio salvaje. La verdadera pertenencia no requiere que *cambies* lo que eres; requiere que *seas* lo que eres.

Mi madre, fruto de la frustración, a veces dice en voz alta que debería hacer como los demás, no idealizar o simplemente dar menos de ella misma, para así pertenecer y no sentirse tan extraña. Pero luego rectifica diciendo que, aunque lo intentase, le sería imposible forzarse a ser quien no es, a pensar de manera tan distinta a lo que ella cree, que eso la convertiría en una hipócrita.

Esta actitud refleja que **las personas queremos formar parte de algo, sentir esa conexión real con los demás, pero no a costa de nuestra esencia, de nuestra autenticidad, de nuestra libertad o fortaleza.**

Jamás podrás sentir una pertenencia auténtica, profunda y completa si intentas formar parte de algo sin ser tú mismo.

Cuando nos permitimos ser, para lo cual hace falta autoconocimiento y autoaceptación, y obtenemos la aceptación del otro, nos colocamos en un lugar seguro desde el cual podemos expandirnos y alcanzar nuestra identidad más auténtica.

Pero muchas veces confundimos «autenticidad» con «inmovilidad». Es decir, cuando pensamos en alguien que es auténtico, solemos apreciar que «actúe siempre de la misma forma», que sea predecible, plano y estático. Que, independientemente de con quién esté o de lo que haga, se muestre siempre igual. Pues bien, siento decirte que esto tiene poco que ver con la autenticidad. Según la terapia de sistemas de la familia interna (IFS, según las siglas en inglés), nuestra personalidad está formada por muchas partes.

Todas estas partes tienen una función y un rol y nos protegen de algo.

Algunas son reactivas y otras, en cambio, son muy vulnerables. Quizá en ti hay una parte muy sexy que se libera cuando esa otra parte que tienes, protectora, alerta y temerosa, se siente segura. O quizá hay una parte muy asustadiza que se bloquea cuando tu jefe te grita. No somos estáticos y no actuamos igual con todo el mundo ni en todas las situaciones.

TRUQUITO: TEN EN CUENTA TODAS TUS FACETAS.

Cuando te dé miedo ser una falsa o perder tu esencia, visualízate disfrazada de tu tú enfadada. Después piensa en tu tú deportista, tu tú creativa, tu tú profesional... Imagínate a ti misma disfrazada de todas estas partes que forman tu personalidad. Sé consciente de que tú eres todas estas cosas y baraja la posibilidad de que tal vez no estás siendo falsa, sino mostrando una de tus múltiples facetas.

Esta «adaptación» tiene sentido, ya que denota que no somos robots, sino que estamos receptivos al otro y a las emociones que exterioriza cuando está en contacto nosotros. Yo no soy igual cuando estoy con mi madre que cuando estoy haciéndome las uñas, y seguro que tú tampoco. No soy la misma cuando estoy sola en mi sofá que cuando estoy haciendo terapia.

En cambio, soy yo en todas estas situaciones.

Me siento auténtica en cada una de ellas, las protagonicen las partes que las protagonicen. Todas son mías: la parte justiciera, la sensible, la orgullosa, la disfrutona, la valiente... **Es fundamental que conozcamos muchas de nuestras partes, que reconozcamos que nos quedan muchas por descubrir, que no rechacemos ninguna de ellas y que permitamos que convivan con nosotras.** Solo desde la aceptación, la autocompasión y el abrazo hacia uno mismo podremos desarrollar pertenencia a un grupo, a una tribu, a una persona o a una familia.

Sí a las comunidades, no a las masas

Pertenecer a una comunidad es importante, sí, pero no debemos confundirla con la masa. De hecho, cuando decimos que a pesar de estar rodeados de gente nos sentimos solos, en la mayoría de los casos es porque nos encontramos en una masa y no en una comunidad.

En el mundo en el que vivimos, existe una acumulación de seres humanos que comparten espacio-tiempo, pero que no tienen ningún tipo de vinculación: no sé quién eres, no sé a qué aspiras, no sé nada de ti, ni tú de mí... y puede que nos crucemos cada día. Este fenómeno se observa sobre todo en las ciudades, que cuanto más grandes son más tienden a la masificación. Estas son algunas de las características de las masas:

- **Favorecen el anonimato.** Nadie sabe mi nombre ni yo el de los demás.
- **No hay reconocimiento.** En una masa, no soy nadie ni le importo a nadie.
- **Son volátiles.** Igual que se hacen, se deshacen.
- **Son miméticas.** Favorecen la imitación sin reflexión: si todo el mundo hace una cosa, yo también la hago.

En *La rebelión de las masas*, uno de los libros más conocidos de José Ortega y Gasset, el filósofo reflexiona sobre cómo afecta el fenómeno de las masas al individuo concreto, al hombre de carne y hueso. Él lo vive desde la preocupación, y dibuja la tipología del «hombre-masa», cuyas características son:

- **Uniformidad.** De horarios, de intereses... Los hombres-masa hacen todos lo mismo y en las mismas horas. Eso empobrece el mundo, ya que pierde singularidad. Lo masificamos todo: en agosto todo el mundo va a la playa, en invierno todo el mundo va a esquiar... **La masa favorece la uniformidad porque lo diferente no se acepta, nos empuja a adaptarnos. La singularidad lleva en muchos momentos a la marginación.**

- **Gregarismo.** Los hombres-masa imitan un modelo. Hay un modelo que se presenta como el ideal y que se reproduce miméticamente a pequeña escala. Todo el mundo quiere tener los labios de esa modelo, todo el mundo viste con pantalones rotos porque «se llevan», todos llevan gafas de pasta... El modelo no se pone en duda, solo se reproduce.

En la masa es probable que sintamos cuatro emociones no muy agradables:

- **Miedo.** Como no conocemos al otro, existe la posibilidad de que atente contra nosotros. **El miedo es un sentimiento que crece cuando hay masa y soledad. En cambio, en comunidad desaparece.**
- **Odio hacia el otro.** Vemos al otro como un obstáculo. Pensamos cosas como: «Ojalá no estuvieras en esta sala de espera, en esta cola del correo... Me estás retrasando, me molestas». En cambio, fuera de la masa, cuando estamos solos y nos encontramos con alguien, iniciamos una conversación. Lo pequeño, la comunidad, genera benevolencia. La masificación, animadversión.
- **Asfixia.** Nacemos con la necesidad de irradiar nuestra personalidad, pero en la masa nos asfixiamos. Necesitamos a alguien a quien revelar nuestros deseos, nuestras ideas, nuestras ilusiones..., pero en la masa nadie nos escucha.
- **Soledad.** Somos muchedumbres solitarias. A más masa, más sensación de soledad.

Según Ortega y Gasset, existe una alternativa a las masas: las **pequeñas comunidades, donde es posible el reconocimiento y los vínculos**. Propone recuperar el ideal griego de la polis, una unidad urbana y jurídica donde se reconocían derechos y deberes y donde era posible el diálogo. Según el filósofo, cuando las polis se convierten en metrópolis, empieza la decadencia. En una comunidad el ser humano es alguien, mientras que la masa nos aboca a la indiferencia. Para ponerte un ejemplo, en los pueblos no hay personas ancianas solas y abandonadas, porque si el señor Antonio no baja a la plaza a las cinco de la tarde, se le echa de menos; en cambio, en las ciudades hay muchas personas mayores que están solas.

A diferencia de la masa, la comunidad es la yuxtaposición de personas que están vinculadas entre sí por un lazo afectivo-histórico y que comparten un proyecto: «Vamos a hacer esto juntos», «Tú eres alguien para mí». «Comunidad» no es sinónimo de «pueblo». Por ejemplo, el colegio es una comunidad, y un grupo de amigos también lo es. Las características de una comunidad son:

- Hay vínculo afectivo: me importas.
- Hay historia: tenemos una historia compartida que nos vincula a un pasado. Por ejemplo, la comunidad de futbolistas de un equipo tiene una historia que pasa a formar parte de todos, los jugadores recién llegados y los más antiguos.
- Hay una personalización: tú eres alguien en la comunidad.
- Cada uno puede ser quien es: nadie deja de ser él mismo, cada uno aporta su esencia a la comunidad.
- Es imprescindible para el desarrollo en sociedad. Las personas que forman parte de una comunidad la necesitan para vivir en sociedad. Desaparece la experiencia de la soledad porque hay un tú que te quiere y que te escucha.

Por último, quiero hablarte del colectivo. Se trata de una asociación de personas que establecen un contrato de colaboración con un determinado fin: hacer deporte, luchar por sus derechos, vender hamburguesas... Se han asociado porque quieren conseguir algo. El nexo es contractual: yo te doy algo y tú me das algo, existe una relación de reciprocidad. A veces, de un colectivo nace una comunidad, ya que con el tiempo se pueden ir creando nexos afectivos.

Descubre quién eres

Para poder conectar con los demás es indispensable conocerse. Acostumbrados al vaivén del día a día (sí, a veces somos los hombre-masa de los que hablaba en el apartado anterior), es poco común que nos paremos a reflexionar sobre nosotros mismos. Sin embargo, es fundamental que lo hagamos si queremos crear vínculos que nos llenen.

Déjame que te cuente algo personal de lo que me di cuenta después de plantearme cómo era. Cuando estoy en un grupo grande, llega un momento en el que necesito irme y estar sola. De repente, me siento desgastada con tanto contacto y tanta gente, así que me voy a recargar energías en soledad. La primera vez que fui consciente de ello, pensé: «Qué rara soy». Con el paso del tiempo, vi que la rareza es tan subjetiva... A mí me parecerá raro que te gusten las patatas fritas en el yogur, y a ti que a mí no. Lo que te quiero decir con esto es que antes de abrirte al mundo social es muy importante que te aceptes.

Pero, para aceptarte, primero tienes que conocerte.

Me escucho: ¿cómo soy?

Necesito que pares un segundo y pienses en las preguntas que te propongo. Si no tienes lápiz ni bolígrafo, coge el móvil y abre la aplicación de notas. Sé que puedes reflexionarlo en tu cabeza, pero te prometo que escribir (si es a mano mucho mejor que con un teclado, aunque también sirve) tiene un efecto reflexivo, de concienciación y de sanación mucho mayor que si solo te quedas en el plano del pensamiento.

1. **¿Sabrías definirte?** Anímate a hacer una descripción de ti en tercera persona. No te pediré que lo hagas en pocas palabras porque me parece incoherente, ¡eres tantas cosas! No tienes por qué hablar solo del presente, puedes definirte empezando en la edad que tú quieras.

   Mi descripción, por ejemplo, podría empezar así: «Alicia tiene muchas partes y son todas muy distintas. Una de ellas es muy cariñosa, dulce e intensa, otra es distante y sale a la luz cuando se aísla porque está mal...».
2. **¿Sientes que encajas bien contigo misma? ¿Cómo te caes?** Recuerda que nadie es perfecto y que en todas las personas residen partes más oscuras o menos «bellas» que, igualmente, cumplen una función y son válidas, aunque te cueste verlas de esta manera.
3. **¿Cómo te tratas?** Cuando descubres algo nuevo de ti que no te gusta, ¿tiendes a criticarte o intentas entender a esa otra parte de ti desde la curiosidad?
4. **¿Cuáles son las actitudes que te cuesta tolerar en ti misma?**
5. **¿Cuáles son las actitudes de los demás que te hieren?**
6. **¿Cómo son tus límites?** Haz una lista de las veces en las que

no has podido poner un límite, decir que no o expresar el dolor por algo que un supuesto amigo o amiga te ha hecho o dicho.

7. **¿Cómo puedes hacer daño a los demás?** Haz una lista de las veces en las que eres consciente de que has hecho daño a alguien.
8. **¿Qué exigencias tienes?** Describe algún momento en el que hayas pensado que pides demasiado.

Y ahora que has buscado dentro de ti, quiero hacer una última reflexión. **Definirse es bueno, pero esconderse detrás de una etiqueta no lo es.** Las personas evolucionamos, y alguien que hoy es más bien introvertido, en unos años puede que sea cada vez más extrovertido, o al revés. Y este cambio es válido y es necesario que lo contemples. Conocerte es un requisito para tu autoestima, pero si te anclas, te escondes o te aferras a aquello que crees que te define, será muy difícil que puedas avanzar en la vida. Así que te pido que rellenes esta frase y que no te juzgues ni por lo que eras ni por lo que eres hoy:

Yo antes era más ____________, pero ahora soy ____________.

Tu *moodboard* de la amistad

Seguro que ahora que te conoces un poco más (y que, con suerte, ojalá que sí, te aceptas un poco más), has empezado a plantearte qué buscas en tus amistades, qué valores te gustaría que tuvieran, qué te gustaría compartir con ellas, etc. Para facilitarte la tarea, te propongo el siguiente ejercicio. Aunque te dé pereza porque estás tan a gusto leyendo este libro, confía en mí, va a ayudarte. Saber qué quieres en una amistad es el primer paso para construirla.

Me escucho: ¿qué quiero en una amistad?

Te animo a hacer un mural de inspiración o *moodboard* de la amistad, que es, nada más y nada menos, que un *collage* de toda la vida.

1. Busca en internet o en revistas fotos de todo aquello que la amistad simbolice para ti. Incluye también lo negativo o incómodo. Es decir, aquello por lo que estarías dispuesta a pasar, aquello que estarías dispuesta a perdonar, a sostener, a acompañar... Que no sean todo arcoíris y flores.
2. Haz una composición con todas las imágenes. Tienes un espacio en blanco en las páginas siguientes para pegarlas.

Para que te inspires, te enseño mi *moodboard*:

Mi *moodboard* de la amistad:

Conoce a tus enemigos (*spoiler*: están en tu cabeza)

La mayoría de las veces, lo que nos impide vincularnos reside en nosotros mismos. ¿Quién nos conoce mejor que nosotros mismos? Aquellos que ponen interés en hacerlo. Era una pregunta trampa. Pero sirve para que te des cuenta de que, a veces, no nos conocemos porque no nos prestamos atención. Te aseguro que, a pesar de que convives contigo misma desde el día que naces hasta el día que mueres, podrías pasar desapercibida a tu mundo consciente si así te lo propusieras.

Es curioso que ser bondadosos con nosotros mismos requiera de esfuerzo y de un trabajo diligente, y que, en cambio, sabotearnos y hablarnos mal surja sin apenas esfuerzo. Es por eso que en este apartado vamos a echarle un vistazo a lo que pasa en nuestra mente, lo que nos permitirá hacer inventario de aquellos pensamientos que pueden quedarse y de los que se tienen que reciclar o desechar. De esta forma, podremos eliminar los obstáculos que nos impiden abrirnos a conocer y a construir amistades.

Los pensamientos irracionales: las mentiras que nos creemos

Los pensamientos irracionales son creencias erróneas que pueden producir un gran malestar. Son muy comunes y, justamente por eso, el psicólogo Albert Ellis se vio en la necesidad de estudiarlos y buscar un tratamiento. Es muy importante tener conciencia sobre ellos, ya que despiertan emociones y determinan nuestra conducta. Asimismo, también es necesario que aprendamos qué herramientas tenemos a nuestro alcance para transformarlos.

Los pensamientos irracionales se interiorizan en el hogar, a través de nuestros padres y educadores, pero también proceden de nuestro entorno (del colegio, de la panadera, de la farmacéutica, de un amigo, de alguien que admiramos en redes...). Cuando determinadas ideas van haciendo mella en nuestra cabeza, se colocan en el inconsciente y pueden tomar el control de nuestra vida diaria.

Ellis diferenció once tipos de pensamientos irracionales. Puede que pienses que están muy llevados al extremo y no los identifiques con tu forma de hablar, pero ten presente que hacen referencia al mundo inconsciente, el lugar donde generamos pensamientos automáticos que dirigen nuestra vida consciente.

PENSAMIENTO IRRACIONAL	EXPLICACIÓN
1. «Todo el mundo necesita ser amado y aprobado por la mayoría de las personas significativas de la sociedad».	Quizá esto te resuena si has sufrido ansiedad, vergüenza y preocupación al recibir una crítica de alguien a quien admiras, al no ser aceptada por esa chica que era popular en tu colegio, o al ser rechazado en una entrevista de trabajo.
2. «Para considerarme valioso debo ser muy competente, suficiente y capaz de lograr cualquier cosa en todos los aspectos de la vida».	¿Cómo llevas el error? ¿Cómo encajabas las notas en el colegio? ¿Es posible que tus padres te exigieran y lo tradujeras en la forma de este pensamiento?

PENSAMIENTO IRRACIONAL	EXPLICACIÓN
3. «Ciertas personas son malvadas y deben ser culpadas y castigadas duramente por su maldad».	Lo irracional de esta frase está en el deber. Si existe el mal o el bien depende de a quién le preguntes, y no hay respuestas correctas, pero la realidad en el mundo en el que vivimos es que el deber y la justicia son muy relativos.
4. «Es horrible y catastrófico que las cosas no vayan por el camino que nos gustaría que fuesen».	Que algo no salga como queremos duele y frustra, pero ni es horrible ni es catastrófico. Pensar de esta manera nos victimiza y nos despoja de empoderamiento. No te diré que sea una frase prohibida, yo misma la pronuncio cuando estoy en modo drama y me apetece revolcarme un rato en mi desgracia, pero no te olvides de escuchar a esa voz de cordura que es consciente de que la realidad no es así.
5. «El sufrimiento se origina por causas externas al ser humano, las personas tenemos poca o ninguna capacidad de controlar nuestras penas y perturbaciones».	Quizá esto lo hayas escuchado con otras palabras, como: «No importa lo que haga, total, me va a salir igual de mal».

PENSAMIENTO IRRACIONAL	EXPLICACIÓN
6. «Si algo puede ser peligroso o temible, me debo sentir muy inquieto y debo pensar constantemente en la posibilidad de que esto suceda».	Este pensamiento no va de sentir o no sentir miedo, sino de estar siempre en alerta, tanto física como cognitivamente. Por ejemplo, si sé que voy a presentarme a una oposición y mi cabeza y mi cuerpo lo perciben como algo temible, no pararé de pensar en el examen y en la posibilidad de suspender. Aunque mi intención es aprobar y me he preparado a consciencia, actuaré de esta manera.
7. «Es más fácil evitar que afrontar ciertas responsabilidades y dificultades en la vida».	Ojo con este pensamiento. La mentira es adictiva porque te despoja de responsabilidades, de afrontar, de reconocer…, de todo lo que quieras.
8. «Se debe depender de los demás y es necesario alguien más fuerte en quien confiar».	Respondemos a esta creencia cuando en el colegio buscábamos ser amigos del popular de la clase para sobrevivir a la jungla, para evitar sufrimiento y para ganar aceptación.
9. «Tu historia pasada determina de manera decisiva tu comportamiento actual. Algo que te ocurrió alguna vez y te conmocionó debe seguir afectándote de forma indefinida».	Alguien con este pensamiento irracional puede pensar, por ejemplo: «Como me han hecho *bullying*, cada vez que conozca a alguien seguiré desconfiando porque he aprendido que las personas son malas».

PENSAMIENTO IRRACIONAL	EXPLICACIÓN
10. «Uno debe sentirse muy preocupado por los problemas de los demás».	¿Has sentido alguna vez que te cargas encima los problemas de los demás? ¿Que vives por y para el otro y eso, en realidad, te genera malestar? Quizá te persigue este pensamiento, puede que esta creencia esté instaurada en tu inconsciente.
11. «Existe una solución precisa, única, perfecta y correcta para los problemas y, si no encontramos esta solución perfecta, será una catástrofe».	Cuando estamos convencidos de tener la solución a un problema y alguien nos propone una salida distinta, nos explota la cabeza. Cuando nos emperramos en que nuestra visión es la correcta, sentimos muchísimo malestar.

TRUQUITO: DETECTA LOS PENSAMIENTOS IRRACIONALES.

Te voy a dar un truco para detectar si tú o la persona con la que estás hablando estáis pensando irracionalmente: si pronuncia (o pronuncias) las palabras «siempre», «nunca», «tengo que» y «debería» en una frase, es muy probable que sea un pensamiento irracional.

Por muy arraigados que estén en nuestra mente, podemos modificar los pensamientos irracionales. Para lograrlo, es imprescindible reconocer las experiencias que los desencadenan y la acción a la que dan lugar. Esta tabla te ayudará a identificarlos:

DEFINICIÓN	EJEMPLO
A. Es una **experiencia** que nos activa, que puede ser interna o externa.	Una persona del grupo de amigos me hace comentarios ofensivos de manera reiterada.
B. Representa el conjunto de **creencias** que tenemos con respecto a la experiencia que nos ha activado.	«Es terrible que me insulten, no puedo soportarlo, me enfada y me angustia enormemente, lo que me impide ser feliz. Esta persona no debería, bajo ningún concepto, actuar conmigo así y, como lo ha hecho, es un ser despreciable».
C. Hace **referencia** a la reacción ante A, tanto emocional como cognitiva o conductual.	Siento furia en silencio y me retiro con mucha frustración.

Según Ellis, si conseguimos cambiar nuestras creencias irracionales (B) podremos obtener el control sobre la reacción (C) ante la experiencia (A).

La clave para modificar esa creencia irracional es convertirla en una creencia adaptativa o racional, por ejemplo: «Me duele que me insulte, más aún delante de la gente, y me gustaría que dejara de hacerlo. No hay ninguna ley que obligue a los demás a tratarme bien, pero sí que puedo evitarlo y así no tener que soportar sus insultos de nuevo». Es probable que este pensamiento provoque una nueva reacción, quizá ya no de ira, sino de tristeza.

> La cuestión no es evitar el sufrimiento, sino conseguir ser lo más justos posibles con nosotros mismos.

Como suelo decir, ya tienes bastante con sentir una emoción negativa, como para encima añadirte más carga innecesaria.

Por sí sola esta técnica no tiene una eficacia aplastante, pero combinada con otras herramientas que iremos viendo, y con terapia en el caso de que lo necesites, funcionará de maravilla para que puedas librarte de pensamientos irracionales que te limitan.

Me escucho: ¿qué creencias irracionales tengo?

Te propongo un ejercicio muy útil para detectar tus creencias.

1. Estate muy atento a tu forma de actuar, hablar, pensar y sentir en tu día a día.
2. Cuando creas que se ha activado alguna creencia, coge tu cuaderno o la aplicación de notas de tu móvil y apunta los pensamientos irracionales con los que hayas conectado.
3. Rellena la tabla siguiendo el ejemplo. Tendrás que inventarte una nueva creencia para sustituir a la que se ha activado.

Creencia irracional (B) que se ha activado: «Es más fácil evitar que afrontar ciertas responsabilidades y dificultades en la vida».		
Experiencia activadora (A)	**Consecuencia emocional, cognitiva y conductual (C)**	**Inventa una nueva creencia adaptativa (B)**
Mi amiga me ha dicho de salir, pero tengo un mal día y no me apetece.	Le miento porque me da miedo que se enfade y así no tengo que discutir.	«Las amistades valoran la honestidad, por lo que la verdad siempre es el mejor camino». Con esta nueva creencia, le digo a mi amiga que estoy cansada porque sé que valora mi honestidad y porque entenderá que un mal día lo puede tener cualquiera.

Las distorsiones cognitivas: la realidad que malinterpretamos

Las distorsiones cognitivas, desarrolladas por el psiquiatra Aaron Beck, son maneras erróneas que tenemos de procesar la información. Por un lado, provocan que percibamos como negativo un acontecimiento que puede ser inofensivo o ambiguo. Y, por otro, mantienen las creencias negativas acerca de nosotros mismos, nuestro entorno o el futuro. Estas son las seis distorsiones cognitivas en las que puedes caer:

DISTORSIÓN COGNITIVA	DEFINICIÓN	EJEMPLOS
Todo o nada	Valoramos una situación en blanco o negro a pesar de tener una amplia gama de opciones.	«Todo el mundo piensa que soy una pringada». «No le gusto a nadie».
Pensamiento catastrófico	Predecimos el futuro de forma negativa sin tener en cuenta otras posibilidades.	«Seguro que no haré amigos en la universidad». «Seguro que al final no viene a cenar y me deja plantada».
Descalificación	Desvalorizamos experiencias, logros, cualidades y obviamos lo positivo.	«Este viaje con los compañeros ha sido agotador (a pesar de haber sido muy divertido durante varios días)».

DISTORSIÓN COGNITIVA	DEFINICIÓN	EJEMPLOS
Razonamiento emocional	Creemos que lo que sentimos es real por el hecho de sentirlo.	«Me siento avergonzada, así que estoy segura de que se avergüenza de mí». «Siento que tengo una conexión con ella, así que sé que vamos a ser superamigas».
Catalogación	Etiquetamos a alguien de manera injusta.	«Me ha mentido, así que es una mentirosa». «Ha dicho que vendría y no ha venido, así que es una mala amiga».
Magnificación o minimización	Subestimamos o sobreestimamos una situación, a nosotros o a los demás.	«Pelearme con mi amiga fue lo peor del mundo». «Llevo tres meses con ansiedad, pero no es para tanto, ya buscaré ayuda».
Inferencia arbitraria	Creemos saber lo que piensan los demás, damos por hecho nuestras suposiciones sin que exista ninguna prueba.	«Estoy segura de que está pensando que soy una ridícula». «Fijo que le estoy aburriendo».

Enfréntate y aprende de tus enemigos (las distorsiones y los pensamientos irracionales)

Ahora que te he hablado largo y tendido sobre las distorsiones, quizá ya sospechas por dónde voy. ¿Te acuerdas de las frases al inicio de este capítulo? Vuelve a ellas si te falla la memoria. **Creer que, por el hecho de no haber tenido buenos amigos, hay algo de malo en ti es una distorsión cognitiva como una casa.** ¿Qué digo como una casa? Como una catedral.

Pero después de todo lo que has leído, te habrás dado cuenta de que **si entendemos cómo funciona nuestra mente podremos dejar de ser nuestros principales saboteadores**. Por lo menos lograremos no empeorar nuestra situación.

Con las herramientas que te he aportado en este capítulo, podrás encontrar aquellas bases de pensamiento que te dificultan conocer a personas nuevas y construir vínculos.

Quizá haya algún pensamiento inconsciente que te dice que necesitas depender de alguien más fuerte o seguro para sobrevivir en esta vida, y este choque con una distorsión cognitiva de tipo catastrófico: «No voy a tener una buena amiga jamás», o de razonamiento emocional: «Me siento nerviosa, estoy segura de que no está fluyendo la conversación y no querrá volver a hablar conmigo».

Saca una foto de ambos recuadros, el de pensamientos irracionales y el de distorsiones, para que los tengas siempre contigo. Necesito que crees conciencia de cómo hablas a los demás y cómo te hablas a ti mismo, que es con quien pasas las 24 horas del día.

Solo si somos conscientes de cuál es nuestro lenguaje, podremos darnos cuenta del filtro que llevamos puesto para ver la vida y nuestras relaciones.

TRUQUITO: QUÉ HACER ANTE UN PENSAMIENTO IRRACIONAL.

No empieces un diálogo con ese pensamiento, ni lo bloquees ni luches contra él.

1. Este pensamiento trae consigo una emoción. Dale espacio, como si estuvieras enchufado a la corriente y esa corriente fuera la emoción: debe recorrerte el cuerpo libremente, buscará una entrada y una salida. Y, cuando salga, habrá cumplido su función.
2. No niegues la emoción porque te resulta desagradable. Si la ignoras, no desaparecerá. Acabará saliendo de una forma aún más desagradable. **No sirve de nada bloquear, ignorar o minimizar a la fuerza.** Te lo prometo.

A la hora de gestionar las emociones, hay dos cosas clave que puedes hacer (y que te recomiendo que hagas): sentir con compasión y sostener la incomodidad.

Sentir con compasión lleva práctica, tiempo y paciencia, pero es la clave de la vida. La autocompasión te ayudará a combatir el sentimiento de soledad, a entender que, aunque no estés acompañado, nunca estarás sola porque te tienes a ti. Para mejorar en tu autocompasión, te propongo el siguiente ejercicio:

Me escucho: ¿cuáles son mis logros?

Es importante que reconozcas tus pequeños logros del día a día. Para que seas consciente de ellos, vamos a hacer un ejercicio que se llama «El árbol de la autoestima».

1. Coge un papel y dibuja un árbol. No tiene que ser un superdibujo, lo menos importante es el trazo. El árbol tiene que tener raíces, un tronco, ramas y hojas o frutos.
2. Escribe en las raíces tus valores y cualidades. Cuando un árbol tiene raíces fuertes, crece sano, fuerte y da frutos. En cambio, si las raíces son débiles, no puede mostrar todo su potencial.
3. Escribe en las ramas todos los logros que has conseguido hasta hoy, pequeños y grandes.
4. Escribe en las hojas o en los frutos las consecuencias de esos logros, lo que han influido en tu vida para bien.

Además de tener compasión y no culparte, es importante que, si cuando experimentas según qué emociones sientes vergüenza, aprendas a sostenerla. Esa vergüenza viene a enseñarte algo. Cuando haya bajado la intensidad, necesito que la observes como si tuviera vida propia y la pudieras sentar en la silla de enfrente. ¿Qué ha venido a decirte? ¿De qué te quiere proteger? ¿Cuál es su función? **Recuerda que las emociones no son nuestras enemigas.**

TRUQUITO: ESPERA A QUE SE PONGA EN VERDE.

Cuando sientas que una emoción te paraliza, imagínate un semáforo: cuando estamos en rojo, la emoción está *on fire* y no podemos ni pensar ni dialogar ni tomar distancia. Somos la emoción con patas. Cuando estamos en ámbar, la niebla se empieza a disipar y ya podemos tener algo de control sobre la emoción. Cuando estamos en verde podremos buscar una alternativa a esa distorsión cognitiva. No lo intentes hacer de forma instantánea, porque si no, entrarás en bucles infinitos y no te servirá de nada.

No hay nada intrínsecamente malo en ti que justifique la maldad de otras personas. Nada en absoluto. Es injusto que te culpes por los malos tratos de otras personas, porque no tienen nada que ver contigo, sino con quienes los ejecutan.

Si quieres seguir tomando un control positivo y sano sobre tus relaciones, empieza a modificar tu manera de pensar y de hablarte a ti y a los demás.

En este capítulo has dado el primer paso y el más importante: tomar consciencia de todas las creencias erróneas que pueden estar interfiriendo en tus relaciones sanas, así como de las distorsiones cognitivas que añaden un dolor innecesario a tu vida.

Toma las riendas de las relaciones

Jennie Allen, autora de *Encuentra a tu gente*, dice que anhelamos que lleguen conexiones reales a nuestra vida, como si estuvieran esperando a que pasemos por esa calle, a que nos apuntemos a ese club. En el caso de no tener esa «suerte», optamos por culparnos, pero pocas veces nos responsabilizamos de cara al futuro. **Miramos al pasado con culpa, como si fuésemos los artífices principales de que la amistad haya resultado tóxica o se haya disuelto, y al futuro, en cambio, lo miramos desde las gradas.** ¿Saldrá al campo el jugador que me gusta? ¿Tendré esa suerte? Estamos expectantes, pero no participamos.

Al pasado se le mira con ojos de aprendizaje, para que podamos poner los filtros necesarios que nos ayudarán, al menos, a evitar cometer los mismos errores. Pero al presente y al futuro se les mira con las riendas bien agarradas. Hay muchas acciones que podemos emprender para mejorar nuestras relaciones. Una de ellas es modificar esos pensamientos que te están anclando en el lamento y que impiden tu movimiento hacia delante.

En una de las *newsletter* que envío cada semana, hablé de amistad y de sus banderas rojas (aquí profundizo sobre este tema en el capítulo 6). Recuerdo que recibí un correo de una mujer de cuarenta años que me explicaba algunas de las cosas que había tolerado de sus amigas durante muchos años. Criticaban de forma constante su cuerpo cuando iban a comprar ropa, la dejaban en ridículo cuando salían a tomar algo, quedaban a escondidas y luego hablaban de las quedadas cuando ella estaba presente... Me dijo: «Me siento una fracasada, creo que soportar tanto ha sido mi problema, porque siento que no merezco más».

A lo largo de mi experiencia en terapia acompañando a mujeres, me he dado cuenta de que este tipo de reflexiones son de lo más común. A medida que ella me contaba de manera más detallada las formas en las que sus «amigas» no la respetaron, no la validaron y no la quisieron bien, yo pensaba: «Pero ¿cómo puedes culparte a ti de la mala gestión emocional, de la poca responsabilidad afectiva y de los traumas de los demás?».

Si lo llevo al extremo, es como si en el colegio me pegan una paliza y yo me culpo a mí (y sí, aunque te sorprendas, esto también pasa). Y si este ejemplo tampoco te acaba de generar el rechazo más absoluto, necesito que pienses en alguien a quien quieres muchísimo: tu madre, tu amiga, tu prima, tu hija, tu amigo, tu pareja... Ahora colócalo en esa posición, recibiendo una paliza y culpándose por haberla sufrido. ¿Te genera rechazo ahora? Me imagino que sí. Porque **solemos ser más empáticos, comprensivos, justicieros y respetuosos con los demás que con nosotros mismos**.

No hay absolutamente nada de malo en ti.
No existe ninguna actitud, aptitud ni circunstancia
que justifique la manipulación, el silencio, el insulto.
Nada.
No te merecías lo que te hicieron.
Sé que te dolió, puede que aún te duela.
Siéntalo y déjalo ir.
Puedes crear cosas maravillosas.

Resumen

- No hay nada malo en ti que justifique el maltrato.
- Es normal y natural que quieras sentir pertenencia.
- Toma consciencia de lo que te dice tu cabeza y de cómo sabotea tus relaciones.
- No te culpes ni responsabilices del maltrato de los demás.
- Tienes el poder y la capacidad en tus manos de construir las relaciones que deseas.

PRIORÍZATE Y MUÉSTRATE: LOS REQUISITOS DE LA VERDADERA AMISTAD

Tengo la sensación de que mi amiga prefiere quedar con otra gente antes que conmigo.

Si me mostrara tal y como soy con mis amistades, fijo que se irían.

Ojalá fuera más divertido o interesante.

¿Cómo voy a mantener el contacto con mis amigas si apenas tengo tiempo de cocinarme el táper?

Todas las terrazas de la ciudad están a petar. Todo el mundo pasea en compañía. Grupos de amigas que se ríen, amigos que hablan de la vida, jóvenes que se hacen fotos, parejas en su primera cita... Risas, palabras, miradas. Complicidad. Sin embargo, tú lo vives con dolor. «¿Soy la única que está sola hoy?», «¿Por qué a mí nadie me llama para ir a tomar algo?», «¿Algún día podré tener a un grupo de personas así a mi alrededor?»...

No te conozco mucho, pero déjame adivinar que te has sentido así muchas veces en tu vida. Te da un pinchazo en el corazón. Sientes que no eres una prioridad para nadie y te invade la soledad.

¿Qué pasaría si te dijera que en esas multitudes que tú ves hay gente sintiéndose sola? ¿Y si te cuento que muchas de ellas están en ese grupo luchando con sus pensamientos intrusivos? Pensando cosas como: «¿Estaré siendo lo suficientemente graciosa?» o «No tengo nada importante que decir, no hablaré para no hacer el ridículo. ¿Se estarán dando cuenta de que no estoy hablando? ¿Pensarán que soy una aburrida?». Lo que tú ves es gente, risas, complicidad. Y sí, puede que la haya. Pero **ni la vida de los demás reluce tanto, ni todo lo que tienes es tan negro**. Ni tampoco eres el único que está solo con sus pensamientos y deseando una amistad bonita.

En mis años de terapia he acompañado a esa chica que tú ves popular, con mil amigos y tan segura, y he visto todas sus inseguridades, sus fantasmas, su sentimiento de desolación. He acompañado a ese chico que ves tan divertido y positivo y que es un imán para las personas, y he visto al niño pequeño con miedos y con dudas sobre sus amigos, y que también se ha sentido solo más de una vez. Como ves, nadie escapa de la soledad, así que te lo pido: deja de compararte con los demás. Esta visión tan idílica con la que tiñes lo que observas a tu alrededor es injusta y agrava tu sufrimiento.

Comparte lo que eres

En el texto introductorio de este capítulo ya te he dado algunas pistas sobre por qué nos sentimos solos: en la mayoría de los casos hay un problema de autoestima de fondo. Tanto la chica popular como el chico megasociable tienen miedos, dudas e inseguridades. Es probable que haya partes de ellos que no les gustan y que intenten ocultar por miedo a que los demás se alejen..., y es probable que, al no compartir estas partes con nadie, su soledad se vuelva todavía más intensa.

Cuando escribía este capítulo quedé un viernes con mis amigos en casa. Le dije a Lucas, uno de los mejores amigos de mi marido, que viniera. Es una persona maravillosa y con intereses muy diferentes a los míos. Le gusta el rock (odia el reguetón), le encanta leer libros de historia, ver *Rick y Morty* y coleccionar fósiles. Es una persona fascinante, de quien es imposible no aprender. Es muy sensible, sobre todo con los animales, divertido, respetuoso y educado. Lo quiero muchísimo.

Pero ese día llegó muy triste. Estaba atravesando un duelo porque acababa de terminar su relación de pareja. Al darle un abrazo me di cuenta de que estaba muy frágil. Cuando nos sentamos, indagué un poco y él empezó a hablar. Abrió su corazón y dijo cosas que me rompieron el mío. Entre ellas:

- «A veces no quiero ir con vosotros por no aburriros».
- «A veces prefiero estar solo porque sé que soy diferente y me cuesta encajar».
- «Ojalá me gustase el reguetón y vestir como los demás».
- «Aún recuerdo cuando una expareja, hace muchísimos años, me dijo que yo era raro. Se me ha quedado grabado».
- «¿Ves? Os he chafado la tarde por venir aquí y ponerme a llorar».

Mientras hablaba, se me caían las lágrimas, aunque intentaba disimular para no hacerle sentir peor. Pero me pilló, y le dije: «¿Puedo abrazarte?». ¡Qué llorera nos dio a los dos abrazados! Fue un drama bonito. Mi marido y el resto de nuestros amigos también estaban emocionados. Pero no se sentía tristeza, ¿sabes lo que se sentía? Amor.

Así que aquí va una lección para cuando sientas que molestas a tus amigos, sobre todo si sientes que les molestas por estar triste. **Cuando pasas un mal momento y escoges acudir a tus amigos, eso les hace sentirse especiales. Les permite cuidarte y demostrarte amor.** Su corazón se rompería si no supieran por lo que estás pasando, y no te hubieran podido dar cariño cuando lo necesitabas.

Cuestión de prioridades

A veces sentimos que no somos la prioridad de nadie, que nadie nos escoge por encima de otras cosas. Y eso duele. Sin embargo, tu seguridad y felicidad no pueden depender de lo arriba que estés en la escala de prioridades de una persona o de muchas, pues las prioridades se mueven y cambian.

En terapia he visto a personas que, cuando tienen pareja, viven sus amistades de una manera más relajada, más libre, más fluida, sin exigencias y sin demandas. Y eso suele ser porque su lista de prioridades ha cambiado y la pareja ha pasado al primer o segundo lugar.

Desde esa estabilidad en la que ya se consideran prioridad para una persona, sienten menos ansiedad y necesidad de serlo para otras. En cambio, he visto a muchas mujeres vivir sus amistades de una manera más ansiosa cuando no han tenido pareja.

De nuevo, volvemos al sentido de pertenencia del que hablábamos al principio del libro.

> Necesitamos pertenecer, necesitamos vínculo seguro, predecible y perdurable.

Pero como bien sabes, no podemos depender de tener o de no tener una pareja para poder disfrutar de nuestras relaciones de amistad, ni tampoco de tener a esa amiga o amigo con el que nos fundamos en un solo ser para poder disfrutar de las demás amistades con tranquilidad.

Me escucho: ¿qué estoy priorizando?

Para que reflexiones acerca de tus prioridades, te propongo que clasifiques estas áreas de tu vida por orden de prioridad.

Familia, pareja, amigos, ocio, creencias (religiosas, políticas o de cualquier tipo), estudios, trabajo, salud (mental y física).

1.
2.
3.
4.
5.
6.
7.
8.

Ahora piensa en tu yo de hace cinco años y haz lo mismo que en el ejercicio anterior. Piensa en el momento vital en el que estabas y en los intereses que tenías en ese momento.

1.
2.
3.
4.
5.
6.
7.
8.

Al realizar este ejercicio, seguro que te has dado cuenta de que alguna área ha escalado posiciones y alguna otra las ha bajado. Si te pidiera que viajaras más atrás en el tiempo, estoy convencida de que la lista también sería distinta. Y, si ponemos la vista en el futuro, quizá tus prioridades cambian de aquí a un mes porque pasa algo en tu vida que lo trastoca todo.

Nunca se sabe.

Por eso **no podemos aferrarnos a la posición que tengamos dentro de la lista de prioridades de otra persona, ni tampoco alimentar nuestra autoestima, nuestra seguridad y nuestro apego basándonos en esta única fuente.** Si caemos en esta trampa, nos convertiremos en personas ansiosamente dependientes y con mucho sufrimiento.

Me escucho: ¿qué esfuerzos les dedico a mis prioridades?

Ahora te propongo que enumeres las áreas del ejercicio anterior según el tiempo que inviertes en cada una de ellas, de más a menos.

Familia, pareja, amigos, ocio, creencias (religiosas, políticas o de cualquier tipo), estudios, trabajo, salud (mental y física).

1.
2.
3.
4.
5.
6.
7.
8.

¿El tiempo que inviertes en las diversas áreas de tu vida se ajusta con la prioridad que les das? El trabajo suele estar casi siempre en primer lugar, porque pasamos la mayor parte de nuestros días trabajando. Pero si haces mil horas extras y tu prioridad son tus amigos, quizá deberías plantearte aplicar algún reajuste.

Me escucho: ¿cómo puedo reordenar mis prioridades?

Te propongo que rellenes esta tabla con aquellos ajustes que podrías hacer para que tus prioridades estuvieran más alineadas con el tiempo que les dedicas:

ÁREA	ORDEN DE PRIORIDAD	ORDEN SEGÚN TIEMPO INVERTIDO	CAMBIOS PARA ALINEARLO
Amigos	*3*	*6*	*Reduciré mi tiempo de trabajo y aumentaré el contacto con mis amigas.*
Familia			
Estudios			
Pareja			
Salud			
Ocio			
Creencias			
Trabajo			

CÓMO	CUÁNDO	¿DE QUIÉN NECESITARÉ AYUDA?
Me gustaría proponer un día para vernos todas las semanas, aunque sea un ratito.	*Acabo de escribir al grupo de WhatsApp.*	*De ellas y de mi pareja, para que me lo recuerde si se me olvida. Le acabo de pedir ayuda.*

Tomar conciencia de cuáles son tus prioridades y de cómo estás estructurando tu vida es el primer paso para poder:

- Ajustar tus expectativas.
- Minimizar la idealización cuando te compares con el resto.
- Hacer peticiones más comprensivas, empáticas y realistas con los demás.

El psicólogo Joan Garriga afirma que las relaciones son como un baile. Aunque él se refiere a las relaciones de pareja, yo lo extrapolaría a todas las relaciones y a la vida. La vida es como esa lista de Spotify que creas con todas las canciones que te gustan y que, cuando la pones en aleatorio, pasa de un temazo de reguetón a una balada de Álex Ubago, y después a «La Macarena». Vivir consiste en aprender a bailar según la música que suene, en desarrollar la capacidad de adaptación necesaria para cambiar la coreografía si, de repente, en el momento en el que está sonando un hit del verano, al DJ de tu vida le apetece cambiar a una canción de amor.

> Adaptarse consiste en esto, en saber ordenar prioridades para ajustarlas a las circunstancias que nos toca vivir.

A lo largo de mis sesiones de terapia, he visto a muchas mujeres que, cuando se han quedado embarazadas, han ido haciendo cada vez menos planes con su amiga del alma. En algunos casos han pasado de hablarme muchísimo de una relación de amistad con la que hacían mil planes a ni mencionarla. Estaban muy conectadas a su mejor amiga y, de repente, ya no. En algunos casos este distanciamiento ocurre porque las futuras madres quieren dedicarse más tiempo a ellas y a su pareja. En otros casos, es la amiga quien, ante la idea de que cambien las dinámicas de la relación o los planes que solían hacer, se aleja. En cualquier caso, date cuenta de que no tiene por qué haber pasado nada traumático ni nadie tiene que haber hecho algo mal para que cambie el orden de prioridades. Te quedarías sorprendido de las veces que, cuando ha pasado tiempo, la misma paciente me dice: «¿Te acuerdas de María, esa amiga con la que quedaba a menudo antes de tener a mi hija? Pues el otro día nos encontramos y quedamos para tomar un café».

La vida se mueve, y tú con ella. Un día serás una prioridad para alguien que te quiere y, al día siguiente lo dejarás de ser, aunque puede que aún siga queriéndote. Un día alguien lo será para ti y, de repente, te pasará algo que moverá a esa persona a otro lugar.

Por lo tanto, **tú eres y debes ser tu prioridad**. Y eso no es egoísta ni significa que no debas amar, construir y crear vínculos con los demás. Eso significa que tienes que bailar contigo misma al son de la música que suene. Danza como en esos bailes de *country* en los que te coges del brazo de la persona con la que te cruzas y compartís unos segundos agarrados dando vueltas, para después soltaros e ir a buscar otros brazos. La vida hará que te encuentres con personas maravillosas por el camino, más adelante te explicaré cómo, y tu cometido es agarrarte a estos momentos, bailar y disfrutarlos. Algunas personas se quedarán en tu órbita al mismo tiempo que están con otras parejas de baile. Puede que no te suelten durante mucho tiempo y que, de repente, las sueltes tú para agarrarte a otro bailarín. O tal vez ya no las vuelvas a ver. La vida es un baile, y que una persona se vaya no quiere decir que no pueda venir otra. Nunca sabes quién formará parte de tu coreografía en el futuro.

> Cada persona es un mundo y tiene una historia inconmensurable e incomparable con la de nadie más. Cuando alguien desaparece de nuestra vida, desaparece su mundo y el que se había creado al unirlo con el nuestro.

Créeme que entiendo que, a pesar de todo lo que te acabo de decir, sentirte una prioridad es importante en esta sociedad y que puedes estar dolida. Pero en lugar de hurgar aún más en la herida, te invito a bailar:

- Si la echas de menos, si ves que sientes que se está alejando, ve a buscarla y dile de quedar.
- Si la necesitas, llámala.

Hace unos días que sentía lejos a mi amiga Lucía. Veía por historias de Instagram que estaba quedando con otras personas y, sin darme cuenta, me fui enfadando y le envié un mensaje. A partir de ahí, se desarrolló esta conversación:

A: Lucía, ¿todo bien conmigo?

L: Sííí, ¿por?
¿Qué pasa?

A: No sé, te noto superdistante emocionalmente.

→ **(Por no decirle: estoy celosilla y te echo de menos).**

L: Amor, cuando dices emocionalmente,
¿a qué te refieres?

→ **(Normal que no tenga ni idea, porque mi frase ha sido de lo más ambigua).**

A: Que te noto distante.
Que no me cuentas cómo te sientes,
tus cosas, no sé...

L: Amor, a ver, es que no nos vemos
desde aquel día en el parque.
Tampoco puedo hablar contigo mucho por aquí,
que yo sé que no eres mucho de WhatsApp y andas
liada siempre.

A: Lucía, tampoco eso es verdad.
O sea, esta vez lo siento, pero no voy a aceptar
que es culpa mía. No es de nadie o, en caso de
haber culpable, es de las dos. Porque tú haces
tu vida y yo la mía, cuando me has escrito
te he contestado y al revés también.

→ **(El drama me lo estaba montando yo sola. Si te soy sincera, estaba esperando tener un mínimo indicio de que me señalase a mí como culpable para tener un motivo para mosquearme y sacar esos celos en forma de rabia).**

L: No te estoy echando la culpa, Ali.

→ (Pobre mía, te quiero mucho, que lo sepas).

No sé cuál es el motivo,
pero, vamos, a mí no me pasa nada. ❤❤❤
No me lo he parado a pensar, la verdad.

→ (Me dijo cosas intentando justificarse y me sentí muy mal, porque la pobre no tenía ningún motivo para decirme nada. Con lo amorosa, paciente y cariñosa que fue, desmoronó toda mi rabia mal gestionada).

A: Mira, si te soy sincera…,
viendo la manera en la que estoy reaccionando, creo que estoy triste y enfadada porque te echo de menos y veo que quedas con gente y no he sido capaz de decirte yo de quedar. Creo que estoy mezclando cosas que no tienen que ver contigo, sino conmigo. Perdóname, amor.

L: Amor, no pasa nada.
¿Quedamos para tomar el sol?
Sabes que si me echas de menos me dices de quedar y yo vuelo para quedar contigo.

Con esta conversación pretendo mostrarte algunas cosas:

- A veces, lo que tú sientes no corresponde con lo que sucede en la realidad, pero eso no lo hace menos importante.

→ Yo sentía lejanía y celos, y ella realmente no había hecho nada distinto. Aun así, me validó con amor y comprensión.

- El orgullo dentro de cualquier relación es un veneno que arrasa con todo.

→ Si yo hubiera seguido con mi ego arriba y mi orgullo hasta el cielo, nos hubiéramos enfadado: ella se hubiera defendido y nos hubiéramos distanciado más. Es decir, habría ocurrido lo contrario de lo que yo necesitaba.

- No hay nada que apague más la ira que el amor y la calma.

→ Si ella se hubiera puesto a mi altura, la conversación habría escalado y habríamos discutido.

- Se siente más gozo cuando una amiga te quiere que cuando sientes que eres su prioridad.

→ Durante los días en los que miraba sus historias de Instagram, le di importancia a la prioridad: sentí que me estaban quitando el puesto de mejor amiga. Cuando dejé entrar ese pensamiento, me puse triste, sentí celos, me agobié. Al final, solo necesitaba saber y sentir, de nuevo, que me quería. Puede que la prioridad no se mantenga para siempre, y lo normal es no ser la prioridad de todos tus amigos. **Pero sentir que esos amigos o amigas que tienes te quieren a pesar de que tengan a otras personas en su vida es un tesoro.**

Que las prioridades se muevan no quiere decir que el amor cambie. Entender que pasas a ser la tercera prioridad en la vida de alguien y que sigue sintiendo el mismo afecto que cuando estabas en el primer puesto en su lista de prioridades hará que vuestra relación perdure.

Atrévete a ser para poder conectar

Como ya hemos ido viendo, el autoconocimiento es clave para sentirnos en paz, así como para crear relaciones que nos aporten.

Los psicólogos Joseph Luft y Harry Ingham elaboraron el método de la ventana de Johari, una potente herramienta para trabajar y reflexionar sobre la autoestima. Gracias a la ventana, podemos entender la manera de procesar la información sobre nosotros desde dos puntos de vista: el nuestro y el de las personas que nos rodean.

La ventana de Johari se compone de cuatro cuadrantes que interactúan entre sí constantemente, de manera que, si se produce un cambio en uno de esos cuadrantes, afecta a los demás.

A PLENA LUZ **Lo que sé sobre mí y lo que muestro a los demás**	**LA ZONA CIEGA** **Lo que no sé sobre mí, pero que los demás conocen**
¿Qué muestras de ti a los demás?	**¿Qué ven los demás que tú mismo no ves?**
Es nuestra área pública, aquello que sabemos de nosotros mismos que también es conocido por los demás: experiencias, emociones o cualidades que compartimos conscientemente con las personas de nuestro entorno y que configuran una imagen coherente y transparente de nosotros mismos.	Es la parte que los otros perciben, pero nosotros no, es decir, aquello que comunicamos sin saberlo. A veces nos negamos a ver aspectos de nosotros mismos, pero si varias personas de confianza coinciden en algún rasgo lo más probable es que sí lo tengamos. La zona ciega disminuirá al dar espacio a las opiniones de los demás (de aquellas personas que nosotros escojamos).

LA CARA OCULTA Lo que sé sobre mí, pero escondo a los demás	LO DESCONOCIDO Lo que ni yo ni los demás conocemos sobre mí
¿Qué es aquello que conscientemente escoges no mostrar sobre ti?	**¿Qué dicen tus sueños, qué dice tu deseo, qué dice tu intuición?**
Podemos escoger no compartir nuestra cara oculta por muchas razones: • Porque no confiamos en los demás. • Por miedo a ser juzgados y rechazados. • Porque tememos ser vulnerables y que nos hagan daño. Esconder esta cara oculta es una trampa que nos tejemos nosotros mismos para construir relaciones, ya que nos imposibilita conectar de manera profunda y nos acaba alejando. Es decir, nos convertimos en los primeros en rechazarnos y negarnos una amistad.	A lo largo de la vida, iremos descubriendo facetas de nuestra personalidad que, a medida que se hagan conscientes, abandonarán el cuadrante de «lo desconocido» para ubicarse en alguno de los otros. Si haces el ejercicio de escribir tus sueños, tus aspiraciones, tus ilusiones durante un tiempo, y vives intentando ser muy consciente de lo que haces, sientes o piensas, seguramente descubras habilidades y puntos fuertes que no sabías que tenías.

Me escucho: ¿cómo me veo y cómo me ven? (La ventana de Johari)

Te propongo que crees tu propia de ventana de Johari. Para ello, necesitarás la ayuda de algunas de las personas que te conocen.

Es importante que tengas una actitud de apertura hacia sus comentarios en todo momento.

Para que este ejercicio tenga un impacto en tu vida tendrás que ser paciente y honesto.

1. Elabora una lista con todo aquello que creas que te defina.
2. Pide a tu círculo de confianza que también elabore una lista con tus rasgos y características. Es muy importante que acudas solo a personas que sabes que no intentarán herirte, y que hablarán con sinceridad y respeto.

   Es interesante que cuentes con la opinión de personas que no pertenecen a tu círculo cercano y que conocen tu personalidad de una manera más superficial (tus compañeros de trabajo, por ejemplo).

   Eso te dará información muy valiosa sobre qué ven de ti los demás cuando estás empezando a conocerlos o cuando no tienes un vínculo profundo con ellos.
3. Cuando tengas las dos listas, crea tu propia ventana de Johari. Clasifica en el cuadrante «A plena luz» los rasgos que coincidan en ambas listas.
4. Clasifica en «La zona ciega» los rasgos que los demás han señalado pero tú no.
5. Clasifica en «La cara oculta» los rasgos que tú has mencionado en tu lista, pero los demás no. Es decir, todo aquello que de forma consciente no quieres que sepan de ti.
6. Anota en el cuadrante «Lo desconocido» características que no hayan salido en ninguna de las listas, pero que te resuenen de alguna forma. Puedes escribir un interrogante al lado de todas ellas.

A PLENA LUZ **Lo que sé sobre mí y lo que muestro a los demás**	**LA ZONA CIEGA** **Lo que no sé sobre mí, pero que los demás conocen**
LA CARA OCULTA **Lo que sé sobre mí, pero escondo a los demás**	**LO DESCONOCIDO** **Lo que ni yo ni los demás conocemos sobre mí**

7. Cuando hayas rellenado los cuatro cuadrantes, fíjate en cuál contiene más información: ese es el que ocupa más espacio en tu vida.

Es muy posible que a la hora de realizar el ejercicio de la ventana hayas alucinado con algunas definiciones que los demás han usado para describirte. Tal vez pensabas que determinadas facetas tuyas pasaban más desapercibidas, o tal vez las hayas infravalorado. O quizá te hayas quedado con la sensación de que no te conocen tanto como tú pensabas. ¿Muestras más o menos de lo que crees?

Para lograr una mejor autoestima y unas relaciones más honestas y sanas, es fundamental que el recuadro «A plena luz» sea el que más lleno esté y, por lo tanto, el que más espacio ocupe en tu vida. Te doy algunos consejos para lograrlo. Parecen sencillos, pero llevan mucho trabajo. Así que, ya sabes, paciencia, diligencia e intención:

- **La confianza se desarrolla confiando.** Ponte a prueba y confía más en tus capacidades y en lo bueno que los demás ven en ti. Al principio, aliméntate de la confianza que las otras personas ponen en ti y, cuando empieces a ver resultados, haz que esa confianza se convierta en la tuya propia.
- **Escoge a una o dos personas con las que te propongas ser más transparente y reducir «la cara oculta».** Exprésate y prueba a abrir esa ventana. Apunta lo que detectas que ocurre cuando empiezas a confiar. Quizá te sorprendas cuando te quieran a pesar de eso que tanto te asusta y que has guardado bajo la superficie durante tanto tiempo.

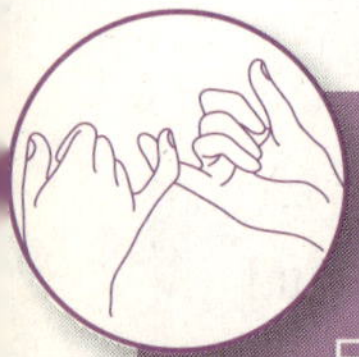

TRUQUITO: DESCUBRE EL POTENCIAL DE LO INCONSCIENTE.

El primer paso para cumplir tus sueños es hacerlos «conscientes». Es probable que el recuadro «Lo desconocido» te dé pistas de metas que quieres lograr, de cosas a las que tal vez no has dedicado mucha atención, pero que, de alguna forma, están ahí. Piensa en ello y plantéale alguno de estos «sueños locos» a alguien cercano. Ahí es donde reside tu potencial.

Te recomiendo que te des un tiempo para asimilar todo lo que te ha despertado la ventana de Johari. Intenta poner en práctica los consejos para mejorar tu autoestima y, cuando haya pasado un mes, vuelve a hacer el ejercicio de la ventana. ¿Qué diferencias hay? ¿Es posible que ahora haya más rasgos en «A plena luz» que en esa «cara oculta»? Ojalá que sí y, si no, sigue intentándolo.

Las críticas: el riesgo de ser auténticos

Cuando somos auténticos y nos exponemos, corremos el riesgo de recibir críticas. Tal vez este es uno de tus mayores miedos, y por eso tienes tantos ítems en «La cara oculta» de la ventana de Johari... Sea como sea, es importante que las críticas no te limiten ni te paralicen, ya que de lo que se trata es de que puedas ser tu yo más auténtico. Por lo tanto, será fundamental que aprendas a gestionarlas.

Gestionar mal una crítica tiene mucho que ver con la inseguridad. Si uno es muy consciente de sus fortalezas, sabrá distinguir cuándo una crítica es constructiva y cuándo es solo una ofensa. **En cambio, si uno no está seguro de nada respecto a sí mismo, todo lo que le digan lo interiorizará como información valiosa, aunque sea destructiva.** Déjame darte tres claves a la hora de afrontar críticas:

1. **Identifica tus fortalezas, aquello que se te da bien.** ¿Te acuerdas del ejercicio del árbol de la autoestima del capítulo anterior? Vuelve a él. También puedes trabajar tus puntos fuertes a medida que vayas rellenando el primer cuadrante de la ventana de Johari. Necesitas saber aquello que se te da bien y en lo que seas bueno para filtrar las críticas que sean injus-

tas, desmedidas o destructivas de las que realmente te vayan a ayudar.

2. **Observa quién te está lanzando esa crítica.** Muchísimas veces las críticas vienen de personas que no hacen aquello por lo que te juzgan. Por lo tanto, es vital que te fijes en quién te está criticando, es decir, en su relevancia con respecto al tema que estáis tratando.
3. **No te agobies si te hiere.** Aunque recibas una crítica constructiva, puede que te sienta mal. No pasa nada, el ego se hiere y es normal, no somos robots. No hace falta que fuerces una sonrisa ni que finjas que no te ha dolido, pero sí es importante que respondas con educación. Puedes ser honesto y expresarlo así: «Ostras, me ha sentado mal lo que me has dicho, pero entiendo tu punto de vista y justamente por eso me estoy poniendo triste. En un rato se me pasará».

TRUQUITO: CÓMO INTEGRAR LAS CRÍTICAS.

Antes de integrar una crítica, pregúntate qué relación tiene la persona que te está criticando con el tema de debate. ¿Hay alguna similitud entre tu experiencia y la suya? ¿Hay algo (sus conocimientos, sus vivencias) que avale su crítica?

→ Si una amiga que no es madre se mete con la forma en la que crías a tu hija, puedes decidir que no vas a integrar su crítica, porque ella no tiene ni idea de crianza o de maternidad.

→ Si un amigo te reprocha que te pasas el día trabajando en un proyecto personal, puedes decidir desechar su crítica, porque él no sabe el valor que le das a ese proyecto ni lo que significa para ti.

Si te duele, te aconsejo que te muevas.

> Este no es un libro para leer sentada en el sofá, es un libro para cambiar aquello que te causa dolor y, si solo lees y no actúas, nada será distinto.

Tú y tus amigos

Estamos aquí para cambiar tu realidad, pero primero hay que estudiar la que tienes ahora para no repetir patrones. Vamos a fijarnos en los demás, los amigos.

Me escucho: ¿cómo son mis amistades?

1. Piensa en tus amigos, los más cercanos, y coge papel y bolígrafo para responder a estas preguntas. Tienes que centrarte en cada una de tus amistades y, por tanto, hacer tantas rondas de preguntas como amigos tengas. Es importante que reflexiones tus respuestas y que te centres en una única persona cada vez.

    - Define a tu amigo con una frase corta, como si tuvieras que ponerle el título a la novela de su vida.
    - Ahora defínele de manera más profunda.
    - ¿Qué soléis hacer cuando estáis juntos?
    - ¿Para qué no le llamarías?
    - ¿Para qué te gustaría llamarle?
    - ¿Qué compartes con él?

- ¿Qué no compartes con él?
- ¿Qué admiras de su forma de ser?
- ¿Qué te genera rechazo de esta persona?
- ¿Hay algo de su actitud con respecto a ti que te moleste?
- ¿Qué aportas tú en esta amistad? (Sería interesante que también le hicieras esta pregunta a tu amigo. Quizá significas para la otra persona mucho más de lo que piensas, o tal vez necesita cosas de ti que tú no das por miedo).
- ¿Quién eres tú cuando estás con él?
- ¿Qué te hace sentir cuando estás a su lado? (No vale responder «bien» o «mal», ve a la página 35 y échale un vistazo a la rueda de las emociones).

2. Después de hacer este ejercicio, responde:

- ¿Qué QUIERO en esta amistad? Por ejemplo: *refugio, risas, seguridad.*
- ¿Qué le DOY a mi amigo? Por ejemplo: *cuidado, preocupación, distancia.* (Aquí te servirá la pregunta «¿Qué aportas tú en esta amistad?», sobre todo si tu amigo te ha respondido).
- ¿Qué TENGO en esta amistad? Por ejemplo: *tengo planes y risas, pero no tengo escucha activa.*

3. Reflexiona sobre tus respuestas y responde a estas preguntas:

- ¿Qué diferencias o semejanzas hay entre lo que quieres, lo que das y lo que tienes?
- ¿Hay algún desajuste que te haya sorprendido?
- ¿Qué puedes hacer para cambiar lo que tienes, lo que das y ajustarlo a lo que quieres?

Por último, y antes de embarcarnos en el siguiente capítulo, en el que seguiremos hablando de los amigos, quiero recordarte que todas tus partes son válidas y merecedoras de amor. Aquello que no te gusta o que ocultas de ti mismo es lo que a menudo van a valorar más de ti (si has hecho los ejercicios de este apartado, ya te habrás dado cuenta). Así que no te escondas, por favor.

Todo lo que eres, haces, quieres y piensas forma parte de ti.
Todo eso es lo que amamos de ti.
Eres merecedor de amor. De todo el amor.
Aunque haya partes de ti que no conozcamos.
Aunque pienses que estás roto.
Aunque estuvieras roto en mil pedazos, seguirías siendo merecedor de amor.
Eres suficiente, eres importante.

Resumen

- Perder posiciones en el orden de prioridades de alguien no significa que te quiera menos.
- Las prioridades cambian con las circunstancias vitales, por lo que es normal que las amistades también lo hagan.
- Reajustar expectativas es clave para no sentirse frustrado en una relación de amistad.
- Las partes de ti que ocultas a los demás son las que te impiden construir relaciones profundas.
- Aprender a mostrarse es el único camino para crear amistades reales.

CONÓCELOS: TUS AMIGOS

Estoy por pasar de mi amiga… Desde que volvió del voluntariado, parece otra, ya no la reconozco.

Desde que mi amiga se ha echado novio, parece que le dé igual nuestra amistad.

Han ascendido a mi amigo en el trabajo, y en lugar de alegrarme me he puesto celoso.

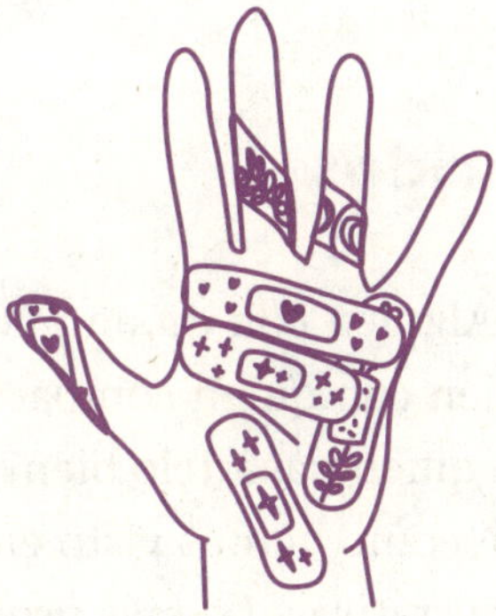

En 2014 me fui de voluntariado a Argentina. Recuerdo que vinieron a mi despedida muchas personas. Yo aluciné. Pensé: «¡Cuántos amigos tengo y no lo sabía!». Me sentí muy arropada. Hoy miro la foto de ese día y te aseguro que, con más de la mitad, no volví a hablar. Estuve fuera ocho meses y medio y solo me escribí con unos pocos, que son los que, qué coincidencia, siguen en mi vida ahora. Antes de irme, los clasifiqué a todos como «mis grandes amigos», pero, al volver, los dividí en dos grupos.

Unos eran amigos, amigos del pasado, amigos por historia, por carga emocional, por tiempo..., viejos amigos. Otros eran mis amigos, mis mejores amigos, mis amigos mejores, aquellos que siguen en mi vida diaria y a los que acudo, escucho y amo.

Con algunos de esos viejos amigos retomé mi relación al volver, y me di cuenta de que interactuaba con ellos igual que antes. Sin embargo, algo había cambiado: era más consciente de nuestro vínculo, de lo que era, de lo que podía esperar e invertir sin dañarme y sin volver a decepcionarme. Porque sí, los eché de menos en el viaje..., pero yo no tenía sus correos y ellos, en cambio, sí tenían el mío.

Amigos y conocidos

¿Qué es un amigo? ¿Alguien con quien puedes contar de forma incondicional? ¿Alguien con quien compartirlo todo? ¿O, sencillamente, alguien con quien pasártelo bien? La respuesta dependerá, en gran medida, como hemos visto en el capítulo anterior, de cuáles sean tus expectativas. Lo más probable es que no esperes lo mismo de todos tus amigos, de la misma manera que ellos no esperan de ti el mismo nivel de compromiso.

Para ayudarte a entender mejor cómo funciona tu mundo relacional (porque a nuestro cerebro le encantan las categorías), les pregunté a mi comunidad en redes sociales, a mis amigos y a mi familia cuáles creían que eran las categorías de amistad. Es decir, si podíamos clasificar a nuestras amigas y amigos teniendo en cuenta la conexión, la intimidad, la profundidad, la confianza, la frecuencia y la inversión emocional. El resultado fueron tres categorías:

- Conocidos.
- Amigos.
- Mejores amigos o, como les llaman de forma coloquial algunas personas, *famigos* (de «familia» y «amigos»).

Conocidos

Esta figura es, pasa, sucede. No es necesario hacer nada para construirla ni para mantenerla, simplemente ocurre, y la mayoría de las veces es a consecuencia de decisiones que tomamos: el trabajo, la tienda a la que voy siempre, el grupo de amigos con los que quedo y que, a su vez, traen a sus amigos, los compañeros de universidad con los que coincido siempre en la misma cafetería... De un conocido sabes detalles muy básicos: quizá el nombre, la edad, de qué trabaja o de dónde es. Podéis hablar del tiempo y, tal vez, en algún momento compartir una mirada cómplice sobre algún tema superficial. Los conocidos cumplen la función de rellenar espacios en blanco, de cubrir silencios incómodos en un ascensor, de distraer a la soledad... En muchas ocasiones, de hacer bulto.

Otras veces, no son tan inofensivos, ya que pueden agudizar nuestra sensación de soledad. Tener muchos conocidos nos puede hacer sentir más solos... Si estamos rodeados, principalmente, de personas de las que solo sabemos tres o cuatro cosas no hay vínculo ni conexión emocional.

Amigos

Un amigo es alguien con quien tienes una conexión emocional, alguien que te hará ilusión que te llame, te escriba o muestre interés en pasar tiempo contigo. Con un amigo no sientes la presión de tener un tema de conversación, te sientes segura y feliz. Con un amigo quizá no te ves muy a menudo, puede que no habléis ni todas las semanas ni todos los meses, pero le invitarías sin dudar a tu cumpleaños.

Puede que un amigo sepa de tu vida y que os pongáis al día cuando coincidís, pero si tienes un problema o te ocurre una urgencia no lo llamarás porque, simplemente, no te vendrá su nombre a la cabeza. Y esto a menudo no tiene que ver con que sea mal amigo, sino con la manera cómo os relacionáis, y ya está. Es probable que si te pregunto si crees que te apoyaría o respondería bien ante un reclamo de ayuda por tu parte me digas que sí sin dudarlo, pero tal vez ese puesto ya lo tengas cubierto por un mejor amigo, un familiar o tu pareja, por lo que pediros ayuda no forma parte de vuestra dinámica.

Mejores amigos

Estos son un tesoro, amiga. Si cuentas con ellos tienes el deber de cuidarlos, porque significa que te cuidan y que te quieren por quien eres. Ahí va una lista de sus atributos:

- Con un mejor amigo, te permites ser tú. Toda tú.
- Con un mejor amigo, los silencios no incomodan y los planes, a menudo, no son elaborados.

- Con un mejor amigo, discuto de la vida, de la suya y de la mía.
- A un mejor amigo le puedo llamar entre lágrimas cuando me ha pasado algo y sé que acudirá a mi llamada, incluso es probable que llore conmigo.
- A un mejor amigo le llamo, le escribo, muestro interés.
- En un mejor amigo confío y con él me permito ser vulnerable.
- Un mejor amigo sabe de mi familia, de mis creencias, de aquellas partes más oscuras de mi historia.
- A un mejor amigo le pido favores.
- A un mejor amigo lo quiero como si fuera un miembro de mi familia, a veces incluso más.

Estas tres divisiones generales dentro de la amistad son las que más se repitieron cuando estuve hablándolo con mi círculo. Sin embargo, hay más categorías, muchísimas más. **La amistad es compleja y hay tantas maneras de relacionarse como personas en el mundo.**

Hablando de complejidad, me gustaría apuntar que la dificultad para hacer y mantener amistades es proporcional a la edad que tenemos. Cuanto más crecemos, más cuesta y más trabajo requiere. Con los años, vamos sumando obligaciones a nuestra vida y, a su vez, nuestros amigos potenciales van sumando otras obligaciones a la suya, por lo que crear y cuidar cuesta cada vez más. En este sentido, tal vez podríamos proponer una nueva categoría de amigos, los «amigos circunstanciales» o los *casiamigos,* para definir aquellos casos en los que la amistad se ha visto interrumpida por una circunstancia ajena. En esta categoría, entrarían, por ejemplo, estas experiencias:

- Hice un amigo con el que conectaba, y a los dos meses se fue a vivir fuera por trabajo.

- Hice *match* con una amiga y estaba superfeliz, pero ambas conocimos a alguien, empezamos una relación romántica cada una y, sin darnos cuenta, nos perdimos de vista.
- Me tuve que ir de la ciudad justo cuando había hecho un grupo de amigos porque a mi pareja le salió trabajo en otro país.

Me escucho: ¿quién forma mi círculo?

Piensa en tus amigos y reflexiona sobre en qué categoría de las tres que he descrito los colocarías. Escribe su nombre en cada uno de los círculos. No pasa nada si crees que tienes pocos, recuerda que el propósito de este libro es tener amigos mejores (y no tener más amigos).

¿Hay personas que no sabes dónde colocar? ¿Sientes que, tal vez, te falta alguna categoría? Reflexiónalo y, si crees que es necesario, crea una nueva categoría («colegas», por ejemplo), pero asegúrate de definirla bien y de que queden claras las características que la diferencian de las otras.

Problemas en el paraíso

Todas las amistades pasan baches y momentos en los que te planteas si la amistad va a cambiar de estatus. ¿Ese amigo pasará a ser un simple conocido? ¿Mi mejor amiga será una amiga más? En este apartado, te planteo algunas de las situaciones más comunes que pueden hacer tambalear un vínculo.

Mi amigo ya no es el mismo

Visualízate hace diez años. ¿Qué año era? ¿Qué estabas haciendo en ese momento? Necesito que recuerdes cómo eras, cómo tenías el pelo, cómo vestías, dónde vivías, con quién... Si es posible, cierra los ojos y construye la imagen de tu tú de hace diez años con todo lujo de detalles. Ahora, cuéntame: ¿recuerdas cuáles eran tus prioridades? ¿Quiénes eran las personas más importantes de tu vida? ¿En ese momento, en qué estabas centrada? Y sigue respondiendo: ¿son las mismas prioridades que tienes hoy? ¿Te preocupan las mismas cosas? ¿Tienes el mismo objetivo de vida?

Me atrevo a pensar que no. Que no eres la misma persona con los mismos gustos y prioridades. Quizá algunos de tus objetivos son los mismos, pero muchos no. Y esto es del todo normal. La vida avanza y tú también, por mucho que no lo creas. **Te mueves porque vives en un contexto que cambia y se transforma.**

Las personas que tienes en tu vida van a cambiar. Se irán de Erasmus y harán cosas que te dejarán alucinada. Te dirán qué estilo de vida quieren y verás que lo compartís, pero un buen día decidirán tener un bebé con su pareja y tú te quedarás a cuadros. Estarás superunida a una amiga, pero de repente decidirá irse a vivir a otra ciudad para hacer un voluntariado. **Tolerar el movimiento no es fácil. Tolerar la individualidad de la otra persona tampoco lo es.** Y no lo es porque nos contenemos.

Te voy a contar una experiencia bastante íntima. Cuando me quedé embarazada, ¿sabes qué sentí? Preocupación por decírselo a mi amiga Marta, porque sabía que no se lo iba a tomar bien. Mi pareja se quedó atónito cuando se lo verbalicé, pero le dije: «Amor, hemos hecho planes casi todos los días del verano, nos vemos todas las semanas, sé cuáles son sus miedos, sus fantasmas y sus inseguridades. Sé que cuando sepa que voy a ser mamá, a pesar de alegrarse, le invadirá la tristeza y el miedo porque irremediablemente nuestra vida va a cambiar». Decidí tolerar que en ella existieran esos dos sentimientos porque, para qué engañarnos, también convivían en mí.

Pensamos que cuando una persona decide hacer un cambio en su vida no habita el sufrimiento, el miedo, la culpa o la vergüenza. Pero **en cualquier decisión que se toma, hay renuncia a esa otra opción que decides no tomar**.

Cuando sientas que tu amiga cambia, cuando veas que sus decisiones no coinciden con las que tú habrías tomado, antes de irte, muestra interés y no juicio. **Quizá no tienes que soltar, sino recolocar.** Quizá ella también necesita a una amiga que la acompañe de la mano en ese redescubrimiento de una misma. La amistad es generosidad, y no una lista de atributos que tiene que tener una persona para encajar en tu vida.

Sin embargo, a veces soltamos porque es más fácil que enfrentar la realidad, que tener conversaciones incómodas o que trabajar una amistad. Y es incongruente con nuestra necesidad más primaria: sentir que nos escogen, que pertenecemos, sentir incondicionalidad.

Amigos y pareja: la difícil conjugación

Todos queremos sentirnos especiales. De ahí nace lo potente que es, desde que somos pequeños, llamar a alguien tu mejor amigo. En ese vínculo hay exclusividad y permanencia, un rol deseado, insustituible e inalcanzable. No pasa nada porque quieras y anheles sentirte escogida. Es normal y es humano sentir alegría cuando alguien decide pasar tiempo contigo y no con otra persona o con otro quehacer. Cuando a pesar de que esa persona tiene trabajo pendiente, elige ir contigo a tomar algo. Contigo, porque tú le haces bien, porque tú tienes influencia en su vida. Sí, tal vez hay algo de ego en ese comportamiento, pero no es malo. El ego protege y sana, activa defensas y nos pone las pilas como punto de partida.

El problema viene cuando esa necesidad de exclusividad empieza a desaparecer cuando se forma otro vínculo insustituible: la pareja. Aquí surgen conflictos porque empiezo a recolocar a mi mejor amiga en una posición secundaria. Esto no es malo *per se*, pero es una situación tan delicada que deberíamos tratarla con el mayor respeto y cariño posibles.

Ponte en este escenario: tu mejor amiga y tú en todos los planes, incondicionales, unidas, constantes. De repente ella conoce a alguien, ¡qué alegría! Quedáis, te presenta a su pareja y hasta parece que le tengas que dar el visto bueno, lo que te hace sentir importante en su decisión. Ahora bien, pasa el tiempo y los domingos, que tanto os gustaba ver una peli juntas, la quiere ver con su pareja. Y los sábados, que solíais arreglaros y salir, prefiere irse a cenar con él. Te sientes desplazada, quizá sola, te da ansiedad perderla y te da miedo no tener con quién hacer esos planes y sentir esa conexión.

Todos entendemos que al principio de una relación lo que quieres hacer, lo que te pide el cerebro, las hormonas y la química de tu cuerpo es estar pegada a esa persona que estás conociendo. Pero, por respeto a tu amistad, también es muy importante dedicarle tiempo a esta.

A mí me ha costado perdonarme por no sacar tiempo en su momento para una muy buena amiga. Yo estaba metida en una relación tóxica con una persona seis años mayor (yo tenía dieciséis años recién cumplidos) y me volqué en él. Fallé a mi mejor amiga, quien además estaba pasando por un momento muy difícil de salud, porque todo el tiempo lo pasaba con mi novio. He logrado perdonarme porque sé que esa persona me manipulaba y me ponía contra las cuerdas, pero el amor que siento por mi amiga hace que me duela el corazón cuando lo recuerdo. Yo lo tengo claro: **las amistades son tan importantes como la pareja**. No van ni primero ni después, porque son relaciones distintas que no juegan en la misma liga y no se pueden comparar.

Vas a necesitar tener amigos a los cinco, a los veinte, a los cuarenta y a los setenta años. Así que no te permitas el lujo de perder, de soltar sin pensar, de no cuidar si vale la pena. Una bonita amistad es un tesoro, porque necesita de dos personas que estén dispuestas a trabajarla y mantenerla.

Rivalidad entre amigas

Como te he contado al principio de este libro, durante mi infancia y adolescencia, las mujeres, mis iguales, me parecían un campo hostil. Iba con muchísima prudencia, observando cada movimiento con recelo, pensando que no me ofrecerían lo que yo tanto apreciaba: una amistad verdadera y bonita. Tenía a Mar, Judit y mis amigas de clase. Eran mi lugar seguro, pero, ahora lo sé, tenía un muro kilométrico que me impedía conectar abiertamente con otras mujeres.

La rivalidad ha formado parte de la historia de nuestra especie como mujeres. Impuesta descarada o sibilinamente, no nos damos cuenta y crecemos alimentando hostilidad sin sentido. Élisabeth Cadoche y Anne de Montarlot, en su libro *La rivalidad femenina y cómo acabar con ella*, nos recuerdan que este recelo entre mujeres empieza de una manera tan sutil y temprana que no somos capaces de percibirlo como violencia. Ellas nos recuerdan cómo la madrastra de Blancanieves le pregunta al espejo: «Espejito, espejito mágico, ¿quién es la más bella del reino?». A lo que sigue el intento de asesinato porque su hijastra es más bella que ella. O como las hermanastras de Cenicienta, malvadas y feas, celosas de ella, la maltratan para que nadie la vea, sobre todo el príncipe. También nos recuerdan cómo en varias culturas son las mujeres quienes llevan a cabo y se encargan de mantener los ritos y tradiciones más despiadados hacia ellas mismas.

Las amistades entre mujeres son pasionales, intensas, profundas y demandantes de lealtad. Cuando a mi amiga le va mejor, cuando logra algo que yo deseo o se independiza antes que yo..., me resulta insoportable. ¿Cómo puede convivir un amor tan grande con unos celos arrebatadores? La pasión es intensa y extrema, el amor y el odio consiguen monopolizar nuestro cerebro, y es sorprendentemente sencillo pasar de uno al otro. Ahora bien, tenemos el poder de trabajar esta rivalidad. Fíjate que no utilizo la palabra «contra».

Marta, en una sesión, me confesó avergonzada que cuando su

amiga le comentó que sus padres le dejaban un piso en el que poder vivir con su pareja sin pagar alquiler intentó alegrarse con todas sus fuerzas, pero le invadió la envidia. No lo soportaba. ¿Cómo era posible que su amiga tuviera las cosas tan fáciles y a ella, que era una curranta y con una relación sana, le tocase pagar una pasta cada mes? Se marchó sintiendo una mezcla abrumadora de culpa, envidia y tristeza. No era capaz de verbalizarlo porque sentía vergüenza, pero tampoco quería ver a su amiga porque creía que le iba a ser imposible fingir alegría. Como si fuera un monstruo, se aisló en su casa para que nadie la viera. Recuerdo que fue una sesión muy bonita, porque empezamos a separar sus pensamientos de lo que ella sentía. Realmente no sabía de dónde venía esa rivalidad, pero ambas coincidimos en pensar que, parte de ella, la había aprendido de su contexto y cultura. Le hablé de las conversaciones incómodas y le invité a abrirse con ella. Por lo que me había contado, tenían una relación muy bonita y segura.

En la siguiente sesión vino con lágrimas en los ojos porque su relación había pasado a una dimensión incluso más pura. Me dijo que fue a verla a su casa, que se sentaron en el sofá y que se echó a llorar. Le confesó que, a pesar de alegrarse por ella, sentía envidia porque conectaba con el sentimiento de injusticia en su vida, y que sentía mucha vergüenza. Para su sorpresa, su amiga también se abrió y le confesó que ella sentía a veces envidia de su relación de pareja, que era tan sana. Ambas se abrazaron y lloraron juntas, porque entendían que esos dos sentimientos pueden coexistir y que, **cuando le restas importancia a la rivalidad, es como una nube que pasa lentamente hasta desaparecer de tu campo visual.** Y así fue.

Como mujeres, la sociedad nos ha quitado mucho, nos ha privado de demasiado, pero, en contra de lo que pensaban que sería un castigo, nos han dado libertad para sentir sin límites, sin censura. Agradezco tener el permiso y la aceptación social de poder acurrucarme con mi amiga en el sofá, compartir manta, tener conversaciones interminables, que me abrace y juegue con mi pelo, dormir juntas... De ser tierna, compartir mis más íntimos secretos, que me acaricie, que me ayude y que me entienda de una manera tan bonita como si fuera mi alma gemela, esa parte de mí que vive fuera de mi cuerpo.

Me escucho: ¿qué pienso de mis amigas?

Busca un lugar tranquilo donde puedas reflexionar. Te pido que, a lo largo de este ejercicio de mentalización, seas lo más sincera posible, estés muy concentrada y no te juzgues.

1. Escribe en una lista todas las frases relacionadas con la amistad femenina que te vengan a la cabeza. Quizá mientras las escribes te sorprendas porque tu parte más consciente no está de acuerdo, pero de igual manera, redáctalas.
2. Una vez que hayas elaborado la lista, ve frase por frase y reflexiona sobre el efecto que crees que tiene en tu vida. ¿De qué manera pensar ________ *(por ejemplo: que las mujeres siempre criticamos por detrás)* te afecta a la hora de entablar una amistad con una mujer?
3. Contextualiza cada frase. ¿Recuerdas a quién se la has escuchado? Esto es importante, porque quizá lo dijo mi abuelo, o mi madre. Si logro darle un sentido a través de sus ojos, podré devolvérsela figuradamente.
4. Con tu imaginación, concéntrate e intenta hacer una bolita con esa frase, como si estuviera escrita en un papel que has arrugado. Quiero que, en tu mente, metas este papelito en el

bolsillo de la persona que te la solía decir o que se lo entregues en mano. Cuando lo hagas, pronuncia en voz alta:
«Gracias por querer protegermé, ahora veo que me dijiste eso porque ___________. Pero no lo necesito, no lo quiero, no me sirve y, por tanto, te lo devuelvo».
Si no recuerdas quién te dijo esa frase sobre las amigas, imagínate una hoguera o una papelera, y responsabiliza a la sociedad, la televisión, las películas o los libros.

Realizar este ejercicio va de maravilla para entender de dónde provienen los mensajes de envidia y hostilidad que pensamos nosotras o que creemos que las demás mujeres nos dirigen. A raíz de este ejercicio, cuando me expongo a un grupo de potenciales amigas, mi mantra es: **«No son malas, no sienten envidia, no las conoces. Dales una oportunidad, quizá desean lo mismo que tú».** ¿Cuál podría ser tu mantra?

Amistad entre hombres

La amistad entre hombres no es problemática *per se*, ¡solo faltaría! Pero sí que en mis sesiones de terapia me he encontrado con pacientes que no estaban satisfechos con sus amigos por motivos distintos que las mujeres, por lo que quería dedicarles un apartado.

Parece ser que la amistad entre hombres es menos frágil, pero a menudo me doy cuenta de que quizá no es un tema de «menos fragilidad», sino de «masculinidad». **Cuando el vínculo no es vulnerable, cuando no hay conversaciones abiertas y sensibles, hay menor capacidad de herir, de decepcionar, de sentir abandono.** Los hombres han mutilado históricamente su capacidad de sentir y de expresar esas emociones, por lo que hoy sigue siendo difícil, aunque cada vez menos, ver grupos de hombres en los que se hable de emociones y exista una validación.

Si eres un hombre y deseas conectar, te tocará dar el paso. Seguro que te sorprendes al levantar los muros de algunos de tus amigos, que recurren a sus madres, a sus amigas mujeres o a su pareja para hablar de su mundo interno. Rompe con lo establecido, sé tú mismo, permítete llorar y que te abrace un colega, un amigo. Llámale para hablar cuando te sientas solo o triste. No sois robots, no sentís menos, y tenéis el derecho de establecer relaciones en las que dormir juntos, compartir manta viendo series, hablar por videollamada todo el santo día y abrazaros.

Si te da miedo que las cosas cambien, te entiendo.
Si te asusta perderla, te entiendo.
No quieres que se vaya de tu círculo,
y no pasará si aprendéis, juntas, a recolocar.
La vida es cambio, y las circunstancias cambian.
El cambio es bueno. Confía.

Resumen

- Las amistades se pueden clasificar según el nivel de profundidad emocional. Saber dónde colocarlas nos ayudará a ajustar expectativas.
- Existen circunstancias que ponen a prueba una amistad. Antes de soltar, plantéate recolocar.
- Las amistades son tan importantes como la pareja. Cuídalas.
- La amistad entre mujeres puede estar teñida de rivalidad: tomar conciencia de cuándo estamos siendo injustas con nuestras iguales es el primer paso para superarla.

CUESTIÓN DE LÍMITES: ¿LO AGUANTO TODO O ME VOY A LA MÍNIMA?

Siento que esta persona empeora mi autoestima, pero no me veo capaz de soltarla.

Tengo la impresión de que mi amiga me pone constantemente a prueba.

En mi grupo de tres, me siento como si estuviera siempre entre papá y mamá y me hicieran elegir.

¿Vale la pena que intente arreglar una amistad rota?

Tenía veinte años y mis amigas quedaron para tomar algo en la plaza de mi ciudad. Recuerdo que me arreglé y tardé un buen rato en elegir qué ponerme. ¿Me crees si te digo que estaba en modo robot? No es que pensara demasiado, es que directamente no pensaba, pero no me acababa de sentir cómoda con nada. Al final me puse lo de siempre y llegué al bar. Me senté y observé. Mis amigas hablaban, yo no me atrevía. Pensaba: «Si digo algo seguro que es una tontería y pensarán que soy tonta», «No tengo nada inteligente que decir, así que mejor me callo». Cuando lograba decir algo, mi cabeza me decía: «Seguro que las estoy aburriendo», «Laura ha mirado el móvil, no le interesa lo que les cuento». Sentía ansiedad cada vez que hablaba, así que al final prefería callarme. Hubo un momento en el que me sentí tan fuera del grupo que era como si estuviera sentada a tres metros de distancia. Me invadió una soledad abrumadora. No me sentía parte del grupo. Quería salir corriendo, me dolía el corazón y se me puso un nudo en la garganta.

Éramos muchas en el grupo, pero nadie sabía que mi padre se operaba la semana siguiente. Ni que acababa de aprobar el examen de inglés que llevaba meses preparándome. Tampoco sabían que mi novio estaba raro y que tenía sospechas de que estaba conociendo a otra persona. No me atrevía a pedirle a ninguna de mis amigas que me llevara al día siguiente a la estación de tren. ¿Prefería no tener a nadie de verdad o estar rodeada de gente y sentirme tan extraña, tan sola, tan lejos? Quería irme a casa, meterme en la cama, estar con mis gatos y ver una serie.

¿Te has sentido así alguna vez? Intuyo que sí. Tiempo después, en terapia, yo misma he escuchado cientos de testimonios parecidos al mío, y te prometo que las voces de las maravillosas personas que me las dijeron se confundían con mi experiencia mientras lo estaba escribiendo.

Querido amigo, sentirse solo estando acompañado es como si cogieras el foco más potente, con la luz más blanca e intensa, e iluminases una herida. Las personas que te rodean son el foco que ilumina la herida de soledad, de baja autoestima, de rechazo, de trauma, de invalidación... que ya tenemos, y de las que hemos hablado en el capítulo 2.

Además de trabajar en ti para resolver estas heridas y pensamientos irracionales, cabría preguntarse si hay algo en la otra parte que nos hace saltar las alarmas y, por tanto, si hace falta que hagamos el esfuerzo de querer resolverlo. ¿Puede ser que, en la situación que te acabo de contar, aparte de una Alicia con muchos temas que resolver, también hubiera unas amigas con comportamientos tóxicos?

Amistades tóxicas: ¿por qué nos quedamos con quien nos hace daño?

¿Sabes la de veces que acuden mujeres a terapia sintiendo que el problema está en ellas y no en sus relaciones? A veces nos obcecamos en mejorar como personas, en trabajar nuestra autoestima, nuestros miedos y nuestros traumas, como si eso fuera lo único relevante e imprescindible para construir mejores relaciones. Lo hacemos con el objetivo de dejar de sentir soledad, inseguridad y ansiedad cuando estamos rodeadas de personas, de amigas.

A menudo, en estos casos, si empezásemos a investigar esas relaciones, llegaríamos a la misma conclusión. **Aunque trabajases en ti y lograses vencer todos tus miedos, seguirías sintiendo incomodidad, alerta, inseguridad y desconfianza, porque en muchas ocasiones no te lo estás provocando tú, sino tus supuestas amistades.**

Si cada vez que le cuento un problema a mi «amiga», me responde diciéndome que lo que le pasa a ella es peor, o que lo que me pasa es una gran tontería, o incluso se enfada porque yo estoy triste y me dice que no tengo ningún derecho..., aunque trabaje en mí, cuando esté con ella seguiré sin sentirme cómoda.

Y bendito cuerpo el tuyo que siente. Que tu cuerpo se ponga alerta, que te sientas incómoda y que te hagas pequeña frente a alguien te da muchísima información sobre ti, pero también sobre la persona que tienes delante. Tu cuerpo y tu cerebro están programados para sobrevivir. Y esas emociones vienen para avisarte, para ayudarte a transitar situaciones y encajar lo que te pasa en la mente. Lo preocupante sería que, a pesar de estar en relaciones de maltrato, tu cuerpo no lo identificase como tal. La anestesia emocional sí sería preocupante.

Me escucho: ¿cómo soy con mis amistades?

Piensa en tus amigas y amigos. Si tienes pocos o solo uno, no tienes por qué avergonzarte. Sea como sea, obsérvalos bien y responde a estas preguntas para cada uno de ellos:

- ¿Te sientes visto cuando estás con tu amigo?
- ¿Te escucha cuando le cuentas algo sobre ti?
- ¿Te nace contarle tus problemas? Si tu respuesta es que no, ¿crees que él tiene algo que ver?
- ¿Qué versión de ti es la que sale cuando estás con él?
- ¿Te gusta esa versión de ti?
- ¿Crees que él tiene algo que ver en que aflore esa versión tuya?
- ¿Para qué crees que esa versión de ti surge cuando estás con él? ¿Qué función puede tener?

Si tras responder a estas preguntas ya has detectado algo que tal vez no va del todo bien, sigue leyendo para ahondar en los fenómenos de malvinculación. Quizá estés experimentando alguno.

Pase lo que pase, seremos amigos

No caigas en la trampa de la incondicionalidad, en el «*no matter what*», no lo hagas. Amigo, amiga, la amistad no es incondicional, porque ninguna relación lo es. Hemos aprendido que da igual lo que ocurra en una relación amorosa porque, si hay amor, todo lo demás es invisible. Y hemos extrapolado esto a las amistades. Déjame decirte que el amor es necesario, pero no suficiente: también necesitamos respeto, comunicación, responsabilidad afectiva... Podemos tener una historia juntos, momentos muy felices, momentos más complicados, nos puede doler el peso del tiempo compartido, pero nuestra relación no es incondicional. No voy a estar ahí pase lo que pase, me hagas lo que me hagas, me digas lo que me digas. Porque de buena, no soy tonta, **soy consciente de lo que soy y por tanto de lo que puedo exigir**.

La siguiente historia te resultará familiar porque (otra vez) tiene que ver con cuando me quedé embarazada... La llegada al mundo de un niño puede cambiar muchas dinámicas de amistad, y a mí me sirvió para darme cuenta de la madera de la que estaban hechos algunos de mis vínculos. En cualquier caso, te cuento esta experiencia para que entiendas por qué es importante rechazar la incondicionalidad.

Este año he soltado a mi amiga Clara porque llegó un momento en el que ya no pude sostener un error más. Recuerdo que, cuando me quedé embarazada, desapareció de mi vida y que, cuando coincidíamos en algún lugar, me preguntaba: «¿Cómo estás de lo tuyo?». Como si tuviera un herpes vaginal. Luego volvió y en mi corazón pensé: «Quizá se le ha hecho bola y ha tardado un poquito más en integrarlo». Ya no me vi capaz de perdonarla cuando me enteré de que criticó mi relación, mi decisión de ser madre y expresó que mi hija no era bonita. Me dolió en el alma y la confronté. No me sentí capaz de continuar con ella en mi vida.

Es fundamental que las relaciones se basen en unas condiciones o límites a las que atenernos cuando ocurre una decepción, una discusión o un desencuentro. Que sirvan de guías para ayudarnos a tomar decisiones basadas en nuestros valores. Si te han hecho creer que eres una mala amiga, que vales poco y que no tienes derecho a exigir; si te ves sola y lo primero que piensas es: «¿Qué exigencias voy a tener si no tengo a nadie?», te diré que, igualmente, debes tenerlas. Vives en un mundo lleno de gente que viene y va, y los límites serán siempre necesarios. Es más, las exigencias son buenas en su justa medida, y siempre y cuando sean en ambas direcciones. Si yo soy un muermo, no puedo exigirte que seas el alma de la fiesta para que así me des alegría. No puedo exigir que sanes mis heridas sin que yo trabaje también en mí misma. Pero sí que puedo exigir aquello en lo que yo me esfuerzo: demandar cariño cuando siento su ausencia, reclamar respeto porque lo merezco y, en definitiva, pedir responsabilidad afectiva y compasión.

Poner a prueba

Cuando una amistad se distancia, suele ser por un cambio de prioridades, como hemos visto en el capítulo 4. Sin embargo, hay veces que este distanciamiento ocurre porque esa amiga nos quiere poner a prueba. Si ante este distanciamiento sientes nostalgia y tristeza, no tiene por qué haber nada tóxico (y, como ya te he dicho, te animo a que retomes el contacto si esa persona te importa y te hace bien).

Sin embargo, si te sientes tensa y ansiosa, si te das cuenta de que estás sobrepensando todo el rato sobre si vuestra relación está bien, sobre si tu amiga se ha enfadado o no..., es probable que te esté poniendo a prueba, y también es posible que no sea la primera vez que lo hace. Tú lo vivirás como un vínculo estresante en el que nunca acabarás de estar segura, ya que será un continuo «ahora sí, ahora no». Huye de esta intermitencia, te lo pido, ya que puede ser muy dañina para ti. Te enganchas a la esperanza de recuperar esa amistad, que sabes que tarde o temprano acaba volviendo, y cuando recuperas a tu amiga te llenas de sensaciones agradables que te atrapan..., pero ¿a qué precio? Si sigues ahí vivirás siempre en este bucle.

Triangulación

Este fenómeno sucede muchísimo más de lo que crees y no entiende de edades, te lo aseguro. Pongamos que Laura, Marta y Patri son amigas. Algo pasa entre Laura y Patri y empieza la triangulación cuando, por ejemplo, Laura le cuenta a Marta lo terrible que es Patri, intentando manipularla para que se posicione con ella y le dé la razón.

Quizá pienses que no hay nada de malo en desahogarte con tu amiga, y tienes razón, además de que entiendo que Laura escoja desahogarse con Marta porque seguramente entenderá la gravedad, la dinámica y el vínculo mejor que nadie, ya que forma parte de esa relación de tres. El problema es que es un marrón para Marta, que está en el medio, y deberá poner límites. Es más, si tú eres Marta, mi recomendación es que no te mojes, que te mantengas al margen y les des a Laura y Patri la oportunidad y la responsabilidad de solucionar el problema. Si no, es posible que empieces a hacer de pelota de tenis, yendo de aquí para allí mandando mensajes, y es aún más probable que acabes tú metida en alguna discusión por algún malentendido.

Si eres Laura y te ves necesitada de apoyo, de que te den la razón y reforzar tu punto de vista, déjame decirte que no lo necesitas. No necesitas validar tu opinión con la de otra persona para sentir que tienes razón. Lo que importa es cómo te has sentido, y quizá de quien sí necesitas reconocimiento es de la persona que te ha causado ese dolor. Si es, era, ha sido tu amiga, ¿no crees que tiene sentido que lo hables con ella cuando te sientas preparada?

Crear aliados en contra de la persona que te ha hecho algo es innecesario y cruel. La venganza jamás es una solución que te vaya a liberar por completo del dolor. Quizá se reduce este sentimiento, pero florecen otros más punzantes. ¿Qué te llevarás si le arrebatas a esa persona sus amistades? ¿Amigos que se dejan manipular y que no defienden sus puntos de vista, influenciables y que tal vez están contigo por miedo a recibir lo mismo?

La triangulación a menudo lleva al acoso en los colegios, al acoso en la familia, al acoso en general. Creemos que el *bullying* solo se da en el aula y en la adolescencia, pero podemos ser adultos con vidas en apariencia estables y tener conductas tóxicas. Lo he visto en oficinas, con compañeros que se alían los unos con los otros contra un tercero, que hablan a sus espaldas y crean un ambiente hostil y muy duro para el que lo recibe. Lo he visto con vecinos mayores que cuchichean en las puertas de sus casas sobre otras familias.

Desahogarse es humano y lo necesitamos, pero incluso en el

momento de soltar, de verbalizar y de descargar, debemos tener responsabilidad afectiva. Si soy Laura y me siento mal, tal vez me quiero desahogar con Marta. Le digo cómo me siento, pero jamás insulto, etiqueto o intento que me dé la razón. Y si lo necesito, iré a buscar apoyo fuera, porque poner a Marta en esa posición tan incómoda tampoco me convierte en una buena amiga. Fíjate, la actitud de Laura hacia Marta es: estoy sufriendo dolor por mi amistad con Patri y, en vez de proteger tu relación, quiero que tú también lo sientas poniéndote de mi lado y convenciéndote de que la que pensabas que era tu amiga es mala persona. ¿No te parece egoísta?

Esto es como cuando los padres se divorcian e intentan hacer de sus hijos sus aliados poniéndose verde el uno al otro. Es un acto egoísta, porque les arrebatan a su padre o a su madre por su propio dolor y sus propias necesidades. Cuando se dice que se deben proteger a los hijos es porque, aunque tu relación con tu pareja no haya funcionado, no eres quién para dañar la relación que existe entre tu pareja y tus hijos. Por tanto, aplica lo mismo con tus amistades: protege y respeta.

Banderas rojas en una amistad

Los fenómenos que he descrito son ejemplos de maneras en las que podemos vincularnos mal. Sin embargo, puede haber muchas más. En cualquier caso, lo fundamental para no vernos atrapadas en la toxicidad es establecer límites, o lo que hoy llamamos banderas rojas. Cuando le pregunté a mi comunidad en redes sociales cuáles eran las suyas, recibí infinidad de respuestas. Estas son algunas de las más significativas. Léelas con atención y reflexiona sobre si son o no una bandera roja para ti, y sobre si las has sufrido en tus propias carnes en algún momento:

- Que no se alegre por que te vaya bien en el trabajo.
- Que no te pregunte por tu hija.
- Que contigo sea de una forma y en grupo de otra, sobre todo negativa hacia ti.
- Que critique a otras amistades delante de ti.
- Que no respete tus límites.
- Que no te pregunte nunca nada sobre ti.
- Tener que ceder siempre para que no se enfade.
- Abrir cajones de discusiones antiguas cada vez que discutes.
- Que te deje sola de fiesta por irse con un ligue.
- Que no te escuche ni empatice.
- Que critique tu cuerpo.
- Que se enfade si no puedes quedar.
- Que ignore tus mensajes durante días, pida disculpas y vuelva a hacerlo.
- Que se alegre por tus logros solo mientras no sean mejores que los suyos.
- Que se moleste porque te lleves bien con amigos que ella te presentó.
- Que siempre tenga planes con otras personas pero contigo jamás.
- Que no acepte tu punto de vista.
- Que solo podamos hablar de su vida.
- Que si no estás de su parte, se enfade.
- Que se enfade si tú no te enfadas también con quien ella se ha enfadado.
- Que te llame veinte veces sin que sea una urgencia hasta que le cojas el teléfono.
- Cancelar la quedada siempre a última hora.
- Que sepa que hay un tema que te produce malestar emocional y que siga hablando de ello cada vez.
- Que te utilice para llegar a otras personas.

- Que no te permita evolucionar o cambiar aspectos de tu vida.
- Que menosprecie tus logros.
- Que te haga sentir culpable por lo bueno que te pasa si a ella no le pasa.
- Que te obligue a contarlo todo.
- Que te hable de manera pasivo-agresiva.
- Que se ría de cómo eres.
- Que tenga un grupo aparte donde están todos menos tú y queden sin avisarte.
- Que te haga el vacío como castigo.
- Que permita que alguien hable mal de ti delante de ella.
- Que te culpe de su ansiedad o de su tristeza.
- Que te falte al respeto hablando mal de tu pareja.
- ...

Esta lista puede ser interminable, porque las banderas rojas son todas aquellas actitudes que para ti y según tú no son saludables. Pero ¿sabes qué pasa? Que muchísimas de las actitudes de esta lista son lo que en psicoanálisis se conoce como *acting out*, es decir, comportarse mal o de manera socialmente inaceptable, a menudo contraproducente, como medio de desahogar emociones dolorosas (como el miedo o la frustración). ¿Quiere decir eso que tengamos que soportarlo todo por pena, por compasión o por empatía? Por supuesto que no, y para eso están los límites.

Puedes entender, percibir y comprender los traumas y experiencias dolorosas de los demás, pero jamás justificarlas de tal modo que afecten de forma negativa a tu vida.

Aprender a soltar: superar el miedo y la pena

Soltar es complicado, sobre todo porque «si te dejo marchar, sentiré tu ausencia, habrá un vacío y, aunque nuestra relación haya sido tormentosa, de repente reinará el silencio y me sentiré solo». Da miedo, porque si soltamos a esa persona o a ese grupo, ¿con quién vamos a quedar? ¿Con quién haremos planes?

Fíjate que, si lo que te da miedo, lo que más te asusta, es no tener a alguien con quien hacer planes, eso ya es una gran bandera roja. Cuando das por sentado o te has acostumbrado a no tener una relación profunda de amistad, de esas en las que compartes tu vida, y lo único que haces con tus supuestas amigas es hacer planes sociales y superficiales, eso ya te está dando mucha información sobre lo que te une a ellas. Quizá esa persona o grupo forme parte de esos 6-15 amigos cercanos o de esos 15-50 colegas. Puede que no haga falta soltar del todo a esas personas, sino recolocarlas en el lugar correcto, en el que tanto tus expectativas como su capacidad de dar estén ajustadas para dejar de sentirte continuamente decepcionado.

En todas las relaciones hay momentos buenos y malos, hay épocas de mucha luz y cercanía y luego hay baches. Eso incluye a las amistades, pero con la poca información que tenemos, nos es muy difícil poner en balanza lo bueno y lo malo con tal de tomar decisiones. ¿Cómo puedo saber si mi relación de amistad se está convirtiendo en tóxica?

Una clave importante para esclarecer esa balanza de coste y beneficio es justamente lo que pierdes, lo que te cuesta o lo que esa relación se está llevando. ¿Es tu autoestima? ¿Es la confianza que tienes en ti mismo o en ti misma? **Las amistades requieren tiempo y energía para forjarlas y mantenerlas, y si están plagadas de conflictos y te cuestan tu bienes-**

tar emocional y mental, puede que no sean saludables para ti.

A continuación, vamos a ver algunos signos que se pueden observar en relaciones de amistad que no son sanas:

- Siento que no puedo ser yo.
- Siento que no hay espacio para mis necesidades a pesar de haberlo intentado.
- No me siento libre de expresarme y de opinar.
- Continuamente paso de sentirme bien a sentirme mal cuando estamos juntos.
- Hay conflicto por cualquier cosa y siento que siempre tengo que intentar resolverlo. Yo soy el que me amoldo, mis emociones y necesidades están en segundo plano.
- Siento ansiedad con respecto a la relación.
- Acabo sintiéndome culpable de todo lo que sucede, incluso cuando yo no formo parte del conflicto directamente.
- No hay confianza, no me fío del todo.
- Si yo no aparezco, nadie me llama, no me invitan. Siempre que quedamos es porque yo lo digo.
- El grupo queda a mis espaldas.
- En las discusiones, me deja de contestar y me hace el vacío durante días.
- Cuando nos enfadamos intenta poner al resto del grupo en mi contra.
- No puedo pasar tiempo con otras personas porque se enfada.
- Tengo que esconder que tengo más planes con amigos porque siempre quiere venir a todo lo que hago.
- Siento que no puedo tener secretos y se lo tengo que contar todo.
- Siento que me juzga constantemente y tengo que hacerlo todo a su manera, incluso en lo que mi amigo no forma parte.

- Critica, juzga e incluso insulta a mis otras amigas o a mi familia.
- Tengo la sensación de que quiere alejarme de mi familia o de mis otras amistades.
- Cuando me pasa algo, me da miedo contárselo porque critica mis emociones y me hace sentir pequeña.
- Solo me escribe cuando necesita alguna cosa.
- Cuando yo le cuento algo, solo habla de sí mismo.
- Nunca me pide perdón o reconoce sus errores.
- Siento que hay competitividad en nuestra relación.
- No me respeta cuando digo que no.

Estoy segura de que, después de leer esta lista, ya tienes en mente a aquellas amistades que te generan malestar. Las visualizas, tienes su cara en tu imaginación en este momento. Recuerdas la sensación de cuando estás con estas personas o de cuando vuelves a tu casa. Es desagradable, ¿verdad? **¿Cómo te sientes cuando piensas en esas personas con las que notas que no estás bien desde hace un tiempo?**

Cuando nos mantenemos en una relación con alguna de estas características disfuncionales, pasa algo muy curioso, que te explicaré con el ejemplo de unas pobres ranitas. Estos animalitos se cocinan de una forma muy concreta. Si tú metes a una ranita en agua hirviendo, saldrá pitando en dos saltos. Pero ¿qué pasa si metes a una rana en agua fresquita y, poco a poco, vas subiendo la temperatura? Al principio, estará a gusto en un lugar nuevo, y como el calor sube muy poco a poco, no se dará ni cuenta. En el momento en que ya pase a doler, a ser angustioso y a causar sufrimiento, no podrá salir. Se ha quedado sin fuerzas, los vapores la ahogan y siente que no tiene la capacidad de moverse. Es muy cruel, pero funciona.

Las relaciones funcionan así. Si el primer día que conocieras a alguien, te juzgase durante los cinco primeros minutos, te insultase, te mirase mal o te invalidase, lo más probable es que pensases: «Hasta luego, Maricarmen, no vuelvo a quedar contigo jamás». Pero eso no suele pasar, nos presentamos con nuestra mejor versión y es a medida que la confianza y la seguridad aumentan que vamos derribando muros y mostrándonos poco a poco como somos en realidad. Al pasar ese tiempo, la decisión de marcharte es mucho más compleja. Has invertido tiempo, quizá esa amiga ha ido destruyendo tu autoestima poco a poco y volviéndote dependiente hasta el punto de que crees que nadie querrá ser tu amiga si la dejas, o que no tendrás a nadie a tu lado que te quiera. Puede que esa amistad sea de toda la vida y también te invada la tristeza... Pero de todo se sale, y por eso te voy a ayudar a que puedas soltar.

Me escucho: ¿cómo puedo soltar?

Resérvate un momento a solas para ti y haz este ejercicio. Te advierto de que es probable que te vaya a remover.

1. Coge un vaso y llénalo de agua hasta arriba.

2. Sostén el vaso de agua en una posición incómoda. Quiero que coloques el brazo en escuadra, como cuando bailas la canción de «La mayonesa». No bajes el codo, necesito que lo tengas en alto, en paralelo al hombro. Mantenlo así mientras contestas a las preguntas siguientes:

    - ¿Cuánto tiempo llevo sosteniendo esta relación?
    - ¿Cómo me ha hecho sentir hasta ahora?
    - ¿Por qué no la estoy soltando?

Aprender a soltar es uno de los aprendizajes más difíciles. Solemos aferrarnos a ese recuerdo, a la esperanza, a la ilusión o al miedo.

3. No bajes el brazo. Piensa en lo que has tenido que ir soltando a lo largo de tu vida. Puede que esa relación que tienes que soltar ya haya terminado, se haya enfriado, que, a la práctica, ya no exista. Lo que ocurre es que, si no la dejamos ir en nuestra cabeza, pensamos que aún la tenemos, pero justamente los miedos no nos permiten disfrutar. Fíjate que te quedas por miedo, y no porque quieras estar.

4. Sigue contestando, sin bajar el brazo.

    - ¿Algo podría mejorar si la sigo sosteniendo?

5. ¿Cómo va el brazo? Pesa más que al principio, ¿verdad? Sobre todo, no bajes el codo. Que duela. Y ahora, contesta:

    - ¿Qué gano al sostenerla?
    - ¿Qué pierdo al sostenerla?
    - ¿Qué ganaría si la soltara?

Es probable que el peso del vaso te resulte cada vez más insoportable, y lo curioso es que no tiene que ver con el vaso, sino con el tiempo que lo llevas sosteniendo. Lo mismo ocurre con esa persona que necesitas soltar, ya que cuanto más tiempo la sostienes, más malestar produce y menos fuerzas te quedan. Porque cuanto más tiempo lo sostienes, más pesa.

6. Con gratitud en el corazón, ya puedes soltar el vaso y tirar el agua que hay dentro. Ya no la necesitas. Da las gracias por lo que aprendiste de esa relación, porque estoy segura de que no eres la misma persona, y déjala ir como una muestra de amor hacia ti y hacia ella.

Este ejercicio remueve y es posible que necesites un momento para respirar. Soltar duele, no estamos programados para hacerlo, sino para construir, para forjar alianzas, para unirnos y para estar acompañados. **Soltar se siente como algo antinatural y viene acompañado de un duelo, de la despedida de esa amistad que, aunque dolorosa, ha formado parte de tu vida durante tiempo.**

Aprender a reparar: kintsugi con las relaciones

El kintsugi es un arte japonés que consiste en restaurar piezas de cerámica con barniz de resina espolvoreada de oro. No se recupera la pieza tal y como lo estaba antes, sino que se le da un aspecto semejante pero nuevo en el que las grietas doradas forman parte de la pieza.

A pesar de que aprender a soltar es fundamental, también debemos plantearnos cuándo es importante dedicar esfuerzos a reparar. Si hay toxicidad de por medio, ya te digo que no vale la pena. Sin embargo, a veces nos sentimos atacadas y nuestra defensa es huir sin más, cuando valdría la pena reflexionar si aún estamos a tiempo de reparar una amistad que en muchos momentos nos hizo feliz.

Cuando una relación sufre, cuando hay error, decepción, herida, frío y distancia, esa relación se transforma. Lo hemos visto a lo largo de los capítulos anteriores, y ya en la introducción he compartido contigo que mientras escribía estas líneas estaba pasando por un momento de reconstrucción.

M y yo nos distanciamos geográficamente e, ilusa de mí, creyendo que mi puesto de mejor amiga no lo ocuparía nadie, dejé de cuidar, dejé de mantener. Lo mismo hizo ella durante un tiempo, y cuando se dio cuenta (mucho antes que yo) de la ausencia, vino hacia mí de una forma a la que yo suelo reaccionar muy mal. Cuando alguien me demanda, cuando alguien me dice cosas como: «Y porque tú...», «Tú ya no...», mis defensas se levantan y ataco. *Trigger*, en inglés, significa «provocar», «desencadenar», como un disparador de esa herida. Bien, pues cuando alguien me demanda de ese modo, se activa mi herida y me cierro en banda. Suelo ser capaz de leer entre líneas, pero cuando me tocan ese botón me cuesta mucho pensar con claridad.

De manera que, durante mucho tiempo, no la vi. Solo vi a esa M demandante. Así que ella dejó de estar ahí, y entonces mis defensas fueron bajando, mi ternura fue aumentando y fui capaz de leer entre líneas. Estábamos ya muy lejos la una de la otra, pero yo sentía tanta pena... ¡La echaba tanto de menos! Me dolía el corazón y me castigué durante mucho tiempo por ser tan dura. Ella me estaba diciendo: «Te echo de menos», y yo no supe leerlo. Lo he trabajado, sé que las dos tuvimos nuestra parte de responsabilidad, pero eso no hace que duela menos. Yo fui muy brusca. Fui muy cortante. No me porté bien.

Ahora bien, la suerte no hace que las relaciones se mantengan ni que se deshagan, que someternos a aceptar que no vamos a tener la suerte de hacer amigos es irracional e injusto, así que ya puedes adivinar lo que hice...

Me armé de valor y le dije de quedar. ¿Te puedes creer que durante todo este tiempo en el que habíamos estado peleadas nunca nos habíamos visto en persona? Pues imagínate lo que pasó cuando nos sentamos a comer. Lloramos como magdalenas (el camarero debió de alucinar). Nos dijimos todo lo que pensábamos, pero es que había mucho amor debajo de ese dolor... Llorábamos porque nos queríamos y nos queremos mucho. Llorábamos por haberlo gestionado todo tan mal. Por el tiempo perdido. Lloré porque la herí sin querer. Lloró porque se sintió muy incomprendida y abandonada. Lloró porque me echaba de menos. Lloré por mi orgullo, que me mantuvo alejada tanto tiempo.

Y después de llorar y de abrazarnos, de volver a olerla y venirme como un tsunami todos los recuerdos de nuestra vida, las noches de pijama, las escapadas nocturnas, las pelis..., decidimos que íbamos a intentarlo de nuevo. Pero, ay, qué incomodidad. Ella ya no me llamaba para contarme sus problemas, ya no me tenía tan en cuenta. Me había reubicado en un lugar con menos expectativas para no herirse. Yo, en cambio, que no soy de contar mis cosas en exceso, quería compartirlas con ella, pero también me sentía cortada. Hubo malentendidos porque tenía tanto miedo a herirla de nuevo que a veces no me expresaba con claridad.

Y en esas estoy, sosteniendo la incomodidad, sosteniendo sus muros, sus miedos y sus heridas. Conteniendo mi orgullo, que desea evitar el conflicto, porque ella, amiga, vale la pena. Ella vale todas las alegrías y las penas, y aunque nuestra relación no es la misma, tampoco pretendo que lo sea, porque no soy la misma persona. **Pretendo cubrir de oro nuestras grietas, juntar las piezas rotas y las heridas con amor, y construir una relación sincera y bonita entre las mujeres que somos ahora.**

Todos herimos. Todos alejamos a las personas en algún momento. Tú me vas a decepcionar y yo te voy a decepcionar a ti. Somos imperfectos y nos equivocamos. Lo que marca la diferencia son los límites, la comunicación y la voluntad de reparación.

Y es que lo fácil es huir. Lo difícil es permanecer. Lo fácil es dejar que se enfríe. Lo difícil es darte cuenta, exponerlo, sentirte vulnerable y reconectar. ¿Vale la pena? ¿Tengo que hacerlo siempre? A veces no, a veces sí, eso solo lo puedes saber tú (siempre, eso sí, teniendo en consideración tus límites y las banderas rojas que no quieres cruzar).

Me escucho: ¿quiero reconectar con una amistad?

Para decidir si quieres reconectar con alguien del pasado y practicar un poco de kintsugi, responde a estas preguntas:

- ¿Cómo eras tú cuando estabas con ella?
- ¿Cómo era ella cuando estaba contigo?
- ¿Qué energía creabais cuando estabais juntas?

Descarta la idea de volver a tener lo que teníais antes, ya que no seréis las mismas. Sin embargo, el fondo, la base, los valores y la vida vivida permanecen.

Por último, como sé que a veces te cuesta creerlo, lee dos veces seguidas las frases siguientes:

Eres merecedora de amor.
Eres merecedora de una amistad.
Eres merecedora de cariño, de llamadas, de detalles, de te quieros.
No hay nada malo en ti que haga que te merezcas que te traten mal.
Mereces vivir en este mundo y rodearte de personas buenas.
Porque tú eres una persona buena.

Resumen

- Si quieres evitar decepciones en la amistad, es importante que establezcas límites.
- Existen ciertos mandatos que nos han inculcado (como que la amistad todo lo puede) que nos pueden impedir salir de una relación tóxica.
- Nadie puede exigirte incondicionalidad.
- Cuando una relación se convierte en tóxica, sea porque te está afectando a tu autoestima, sea porque te está convirtiendo en alguien dependiente, aprende a soltarla.

LA FAMILIA QUE UNA ESCOGE: ¿CÓMO CUIDAR Y MANTENER?

Quiero mejorar la relación con mi amiga, pero siento que si no le digo todo lo que me ha molestado de ella antes, no lograremos avances.

Mi amigo está pasando por un mal momento y no sé cómo ayudarlo.

De verdad siento que no me da la vida para cuidar a mis amistades.

Me he enterado de que una amiga ha criticado a otra de mis amigas. ¿Se lo cuento?

Si tenemos treinta mil amigos, es imposible que los cuidemos a todos. De la misma forma que si no buscamos momentos para estrechar lazos y formar vínculos, es imposible que los formemos. Pero aún no hemos hablado de las excusas que nos ponemos a la hora de hacer amistades. En este capítulo no voy a empezar contándote una experiencia personal, en este quiero que leas con atención la lista de «peros», que pienses cuáles te sueles decir y que añadas los que no estén. Si esto es un golpe de realidad para ti, lo siento mucho, pero no puedes esperar calidad en tus amistades si no te tomas tiempo ni para crearlas ni para cuidarlas. Amiga, no te lo tomes a mal: es un pequeño toque de atención para que despiertes y pases a la acción, ¡que ya llegamos a la recta final del libro!

Los grandes enemigos de la amistad

La pregunta sobre cómo hacer amigos me ha acompañado en casi todos los procesos de terapia que he hecho. Pero ¿sabes qué me ha acompañado también? Los «peros». «Alicia, me encantaría hacer amigos, pero...», «Me muero de ganas de conectar con alguien, pero...».

Tiempo

- Me gusta organizarme con tiempo y mis amigas normalmente improvisan.
- Entre semana prefiero relajarme.
- Prefiero utilizar mi tiempo libre para trabajar en mí misma, a solas.
- No me da la vida para más (mis amigos).

Lugar en el que vives	• No paro de viajar por trabajo y nunca paro mucho en casa. • No conozco a nadie porque me acabo de mudar. • Vivo en un pueblo pequeño y aquí no tengo muchas opciones, porque nos conocemos todos y no acabo de conectar. • Mis mejores amigos se han ido a vivir fuera.
Disponibilidad emocional	• Me canso de socializar. • Tengo muchos miedos a la hora de conocer a alguien. • Siento que no voy a ser capaz de mantener una amistad. • Soy una persona introvertida y prefiero estar sola, aunque no me gusta sentirme sola. • Necesito trabajar en mí misma primero. • No le doy tanta importancia a la amistad ahora. • Me cuesta mucho abrirme a la gente y confiar.
Amor y familia	• Mi prioridad es encontrar pareja, así que mi tiempo libre lo dedico a quedar con personas que conozco en aplicaciones de citas. • Prefiero estar con mi pareja constantemente, me apetece más. • Tengo hijos y no quiero perderme nada con ellos. • Tengo hijos y no tengo ayuda para poder quedar con amigos. • Estoy muy ocupado cuidando de mi familia. • Me he separado hace poco tiempo y estoy solo.
Redes sociales	• Prefiero hablar con mi comunidad virtual que pasar tiempo presencialmente. • Tengo demasiados amigos en línea con los que mantener el contacto, y no me da la vida para quedar con nadie. • Me cuesta menos conversar por internet, porque si veo algo raro o que no me gusta es más fácil soltar esa relación.

- Me siento más libre mostrándome por redes, porque puedo esconder las partes de mí que no me gustan o fingir otras que no tengo pero que me gustaría tener.

¿Qué añadirías?

Calidad o cantidad: ¿qué tengo que buscar?

Según un estudio del psicólogo y antropólogo británico Robin Dunbar, la mente humana solo tiene la capacidad cognitiva de mantener 150 amistades a la vez. Claro está que es imposible relacionarse de manera íntima con 150 personas, y es por eso que él las divide de la siguiente forma: con 50 podrías ir a una fiesta o juntarte en un encuentro casual, unas 15 podrían considerarse amigos y, en lo referente a mejores amigos, **estamos capacitados por tener un máximo de 5.** Si te acuerdas, esta clasificación es muy parecida a la que hemos trabajado en el capítulo 5.

En cualquier caso, clasificaciones a un lado, es evidente que un mejor amigo requiere un gran nivel de profundidad, por lo cual será necesario un contacto cara a cara, ya que los me gusta, los mensajes por redes y las videollamadas no son comparables a las risas, los abrazos y el contacto físico. Verse fuera de internet genera endorfinas que están relacionadas con el placer y la reducción de la ansiedad y el estrés.

En cambio, si lo apostamos todo al mundo virtual, corremos el riesgo de que nuestras amistades se construyan y se deshagan con mucha facilidad. En las redes es muy fácil dejar de hablarle a alguien por cualquier razón, no contestar nunca más o dejar enfriar una relación de un día para el otro. **La amistad se trabaja y necesita tiempo**, no solo un número concreto de horas o días, sino tiempo de calidad. Veamos qué significa «calidad» y cuáles son los atributos que tenemos que buscar.

Valores en la amistad

Reciprocidad

Reciprocidad es alegrarte de las alegrías de tus amistades y saber que ellas también lo hacen por ti. **Es recoger a esa amiga del suelo cuando se ha caído y animarla a que siga intentándolo.** Es ayudar, es ser apoyo, es ser tirita, es permanecer con amor.

Una persona con la que sientes reciprocidad:

- Te sabe escuchar sin interrumpirte, mantiene el contacto contigo, muestra interés y, cuando terminas, da importancia a lo que acabas de explicarle o te hace preguntas.
- Te anima cuando lo necesitas, te expresa su admiración y sientes que cree en tus capacidades.

- Sabes que te quiere y sabes que estará cuando la necesites, al igual que tú.
- Sabéis detectar cuándo estáis pasando por un mal momento, vuestra conexión es profunda.

Cuando pienso en reciprocidad, pienso en mi amiga Judit. Ella no solo ha llorado conmigo de tristeza, sino que ha saltado y ha dado palmas de alegría cuando me ha pasado algo bonito. Tenemos una amiga que se casa en breve, y me alucina ver lo mucho que Judit se implica en todo. ¡Le hace tan feliz su boda! Sé que en la mía estuvo igual, pero desde el otro lado, como dama de honor y no como la novia, he podido ver cómo ella piensa en todos los detalles, en todas las cosas que a nuestra amiga le gustan, en todo lo que la hará feliz.

Humildad

Queremos a personas que sean honestas, que estén dispuestas a decir cosas difíciles y a recibirlas. A mantener conversaciones incómodas donde quizá pueda haber dolor, por el bien de la relación. Para ello, recuerda que tú mismo debes practicar la humildad y entender que los errores llegarán, y buscar a personas que puedan expresar su dolor, su herida que quizá habrás causado tú.

Nefi y Diana, marido y mujer, son mis ejemplos. Me acogieron en su casa a cambio de nada, de mi presencia, durante dos años. Dos años. Mi familia estaba muy mal económicamente, yo estudiaba en una universidad privada y me lo pagaba con mi trabajo y con la gran ayuda de mi marido. No podía ir y venir todos los días porque me quedaba a una hora y media de casa, y ellos me acogieron. Entre semana vivía en el sofá de su casa y los fines de semana volvía con mi amor. Me dieron el mayor ejemplo de generosidad y humildad del mundo. Teníamos conversaciones con el alma desnuda, en el sofá, después de un día duro de clases y de trabajo, sobre nuestros miedos, nuestra manera de ver el mundo y nuestros problemas del día a día. Ellos me enseñaron lo que es el perdón, porque hablaban de absolutamente todo entre ellos, así como con la hermana de Diana, Kelly, a quien también acogieron durante años. Era una especie de familia compuesta de amigos que se quieren.

Disponibilidad e interdependencia

Escribir este libro ha implicado muchas renuncias temporales, sobre todo en cuanto a vida social. Obviamente sé que valdrá la pena, pero quiero contarte algo que me hizo reflexionar. Uno de los días en los que estaba escribiendo en la mesa del comedor, encarada a mi terraza llena de flores y muy a gusto, me escribió una amiga que hacía tiempo que no veía y me dijo que estaba debajo de mi casa. En Tarragona, la maravillosa ciudad en la que vivo, hay una tradición que se llama «*Anar a tocar ferro*» (la traducción literal es «Ir a tocar hierro»), y hace referencia a que al final de una rambla muuuy larga se encuentra el Balcón del Mediterráneo, una maravilla que te invito a visitar. La tradición es pasear, llegar hasta el balcón, tocarlo, admirar las vistas preciosas y volver. Si vas en pareja, te das un beso, aunque yo si voy con alguna amiga, también aprovecho ese beso. Está muy cerca de mi casa, quizá a dos manzanas, pero en ese momento me dio mucha pereza ir hasta allí. Sin embargo, la pereza me duró poco, porque me sentí muy hipócrita al estar escribiendo sobre mantener y cuidar amistades y rechazar por pereza a una amiga que hacía mucho que no veía. Le escribí rápido después de haberle dicho que no, pausé el libro y bajé corriendo. Fue media hora, pero cuando volví, me noté más feliz, recargada y con energía.

Busca a personas que te digan que sí, que acudan a los planes improvisados, que te inviten a su casa aunque la tengan patas arriba, que te den tu lugar en su vida.

Transparencia

¿Con quién puedes ser tú? Recuerdo una vez que me invitaron a una fiesta, hace muchos años, y las personas que estaban allí fueron muy agradables conmigo, pero yo estaba muy incómoda. Me di cuenta porque la versión que allí salió de mí era la observadora, prudente, contenida y agradable, no la divertida, desinhibida, reflexiva y alegre. Ellas no hacían ni decían nada malo, pero yo no estaba a gusto porque no tenía nada que ver con el grupo. Tengo muchísimo aprecio a varias de las personas que había en esa fiesta, pero mi momento vital, mis prioridades o mi carácter en ese momento no coincidía para nada con el suyo. Quería irme, y en parte me sentía mal porque no quería ser maleducada. Esperé un momento prudencial, agradecí la invitación y me fui.

Cuando salí de allí, llamé a mi amiga Nuria. Le dije: «Tía, necesito una dosis de ti para sentirme yo de nuevo». Nos reímos y lo normalizamos, porque esto pasa muy a menudo. **La vida nos mueve a todos, a veces coincidiremos en el movimiento y eso nos acercará; otras veces nos pondrá en sitios muy distintos y muy lejanos.** Quizá las chicas de la fiesta también se sintieron así conmigo, no es cuestión de que una sea peor que la otra ni de sentirnos insuficientes. Hay todo un mundo detrás de la afinidad que no conocemos ni sabemos explicar. A veces no conectas, sin más.

Ahora bien, cuando puedes ser tú, cuando no te incomodan los silencios, cuando se comparten con alguien que es lugar seguro, cuando puedes tumbarte y mirar a la nada sin sentir que debes sacar temas de conversación... Cuando sueltas la primera burrada que te sale por la boca sin necesidad de un filtro, porque sabes que no vas a ser juzgada... es una ma-ra-vi-lla.

TRUQUITO: DA EL PASO.

A veces con un mensaje basta. Si quieres crear una amistad profunda, ¿por qué no das el paso con alguien con quien tengas una buena relación, aunque no sea muy íntima? Tal vez alguien con quien la conversación fluya y te sientas cómoda, pero que, por cosas de la vida, no hayáis llegado a estrechar lazos. Prueba a mandarle esto:

«¿Quedamos el ____ y te cuento algo que me ronda la cabeza? Me gustaría saber qué piensas».

Intimidad

Este quizá es uno de los aspectos más importantes de la amistad, ya que tiene un efecto positivo en los demás. **Cuando sentimos intimidad emocional con una persona, ese vínculo profundo, esa conexión segura en la que te veo y me ves, lo demás funciona solo.** Queremos estar disponibles, somos más transparentes porque disfrutamos del abrazo, de sentirnos vistos; cuidamos nuestra relación de amistad, somos sensibles a su vida y estamos en paz al compartirle la nuestra.

Recuerdo un día que estaba con mi amiga Carlota en una oficina. Ella es una mujer fuerte, es líder en sus grupos y lo sabe.

Cuando eres líder, cuando cuidas del grupo, pocas veces te permites el lujo de mostrarte vulnerable. Debes mantener ese rol porque sientes que te necesitan, y no lo haces desde un plano narcisista, sino de servicio real. Tu identidad, en parte, la define ser un faro para los demás. Ella no me suele contar sus problemas, y yo tampoco, pero sé que si la necesito y la llamo, me va a querer con sus palabras, con su oído y con su corazón. ¿El problema? Que las dos somos faro, y a las dos nos cuesta. Ahora bien, ese día en la oficina ella se abrió. Y días después, yo me abrí. Cuando detecto que se abre, se para el mundo y me siento a escucharla. Cuando ella detecta que algo sale de mi boca, se para el mundo y me escucha con todo su ser. En esos momentos, me siento llena. Me siento íntimamente conectada con ella y eso refuerza de una manera profunda nuestra amistad.

¿Sabes por qué me lee entre líneas? **Porque me ve.** Y sabe de qué pie cojeo. Entonces, si pasa por mi despacho y le suelto algo extraño, entra, cierra la puerta, se sienta en la silla y me empieza a hacer preguntas que me ayudan a contarle lo que me pasa.

Seguridad

Nunca me olvidaré de una frase de una amiga que dejó de serlo durante un tiempo: «Me molesta mucho tener que ir a tu cuenta de Instagram para saber lo que te pasa y que no seas capaz de decírmelo a mí». En ese momento pasaba por una época muy dura debido a un posparto emocionalmente complicado, y te prometo que no tenía fuerzas para verbalizar mis emociones con un ser viviente e iniciar una conversación. Solo quería desahogarme. Pero escogí mal, y digo mal, porque en el fondo lo que necesitaba era amor, y me alejé de él por miedo a ser juzgada. Lo que mi amiga me estaba diciendo era: «Necesito que me necesites, necesito sentir que soy algo importante y necesario para ti».

También me pasó con Sindy. Ella me escribió algo muy duro que hizo que se me llenaran los ojos de lágrimas: «Alicia, creo que no soy especial para ti, no creo que aporte nada a tu vida, me siento poca cosa a tu lado en cuanto a la relación, y lo estoy pasando tan mal que prefiero que cada una vaya por su lado». Ese día casi me explota la cabeza. O sea, mi amiga Sindy, que me aportaba paz, que me daba las caricias en la espalda más relajantes del mundo, con la que me hacía ensaladas de mil colores y comía fruta a porrón porque nos encantaba a las dos, me dice que no es especial para mí. Me puse a pensar y, claro, nunca le había contado un problema. Nunca la había llamado porque la necesitaba. No lo hice porque ese papel se lo había dado a otras personas, pero no porque ella no fuera capaz de sostenerme. En cambio, ella me llamaba, ella me contaba y ella se sostenía en mí; yo sabía que estaba aportando a su vida. Ella, en cambio, sentía que no.

Me escucho: ¿qué aporto a mis amistades?

Echa un vistazo a tus amistades, esas que has escrito en las anillas del centro del ejercicio de la página 128. Responde a estas preguntas:

- ¿Qué crees que les aportas a cada una de ellas? ¿Crees que se sienten seguras contigo? ¿Por qué?
- ¿Cuándo sientes seguridad en el vínculo? ¿Qué tiene que pasar para que sientas que tu relación con una amiga es sólida? ¿Crees que estas personas te colocarían en el mismo lugar que tú? ¿Por qué?

Si solo das, pero no te vuelcas, o si solo cuidas, pero no te dejas cuidar, no estás permitiendo que te conoz-

can, no te estás dejando ver. ¿Podrías crear algo profundo con alguien que solo ves a medias?

Proximidad

Durante mi adolescencia, pasé mucho tiempo en un pueblo de Tarragona que se llama Pallaresos. Ahí vivían mis amigas, además de muchas otras conocidas con las que he mantenido contacto toda la vida. Alrededor de Pallaresos hay urbanizaciones que colindan las unas con las otras, y nuestros planes de tarde consistían en paseos, en sentarnos en un banco a comer pipas, hablar, hacer coreografías, ir a la piscina, etc. Recuerdo que el hecho de caminar y saber que mi amiga vivía en esa casa, que mi otra amiga vivía en esa otra, que posiblemente estaban ahí dentro y que las tenía cerca, me hacía sentir «en casa». **Porque hogar es aquel lugar en el que sientes pertenencia, en el que las personas se preocupan por ti y se dan cuenta cuando no estás.** Cuando hay proximidad geográfica, tu ciudad o tu pueblo, el lugar en el que compartís espacio, se convierte en una extensión de tu hogar.

Ahora bien, las amistades duraderas deberían ser capaces de traspasar códigos postales.

Recuerdo que mi amiga se mudó a veinte minutos de casa. Quizá te parezca una tontería si vives en una gran ciudad, pero en Tarragona, veinte minutos en coche ya es una ciudad distinta. Ella conoció a otros amigos y empezó a enraizarse en ese lugar. Yo sentí que nuestro vínculo se enfriaba, costaba más quedar, la logística no era tan sencilla y el tiempo para vernos se redujo muchísimo.

Las relaciones a distancia son posibles, tengo amigas que veo una vez al año o cada dos, y te prometo que cuando nos encontramos es como si el tiempo no hubiera pasado. Es una maravilla y, como nos vemos poco, no hay espacio para el enfado, para el rencor o para los malentendidos. Todo es bonito, pero no profundo. No llamo a estas amigas cuando me pasa algo en el día a día, y ellas tampoco a mí. Es normal, porque, por lo general, para que una relación de amistad sea profunda, debe estar acompañada de cercanía física, de abrazos, de contacto, de presencia, de apertura, de necesidad, de sostén.

Algo que me propuse hacer cuando nos mudamos al piso en el que estamos ahora mi pareja y yo fue conocer a los vecinos. Esto lo veo mucho en las películas americanas, esas urbanizaciones llenas de vecinos que se conocen y se llevan tartas o galletas de bienvenida cuando llega un nuevo miembro al barrio. Aquí, solo pensar en llevarle un bizcocho a tu vecina podría sonar hasta raro, ¿verdad? Yo me lo propuse, y hoy puedo decir que sé quiénes son mis vecinos, sé cómo se llaman y tengo el WhatsApp de una de ellas. Para mí es un logro. Hablando con mi hermano, le pregunté si tenían pensado quedarse en el piso en el que están y su respuesta fue: «Aparte de que estamos genial en casa, tenemos unos vecinos tan buenos que me costaría mucho cambiar de lugar». Sin embargo, ten presente que la proximidad no solo se mide en kilómetros, sino también en temperatura.

Me escucho: ¿con qué amistades quiero ganar proximidad?

Vuelve a echar un vistazo a tus amistades, esas que has escrito en las anillas del centro del ejercicio de la página 128. Responde a estas preguntas:

- ¿Con qué amigo o amiga te gustaría volver a conectar y sentir de nuevo ese calor de la cercanía?

- ¿Qué amigo en la distancia crees que podría subir de nivel en cuanto a profundidad?

Interés

Soy creyente y en mi casa siempre hemos hecho una oración para dar gracias por los alimentos antes de cenar. Cuando vamos a un restaurante o a casa de alguien, hacemos la oración en nuestra mente de modo individual, ya que respetamos la manera de funcionar, las tradiciones y las creencias de los demás en sus hogares.

Monto, Nat y Aaron vinieron a casa de mis padres un día a comer con nosotros y, como es tradición, hicimos una oración. Ellos escucharon y dijeron amén. No sé cuánto tiempo después, fuimos a su casa a cenar. Cuando pusimos la comida en la mesa, Monto dijo: «¿Queréis hacer la oración?». Y extendió los brazos en señal de «vamos a cogernos de la mano». Él pensó que cogernos de la mano era un requerimiento, y no es así, pero mi pareja y yo nos enternecimos tanto que actuamos con normalidad y nos cogimos la mano. Para nosotros fue un acto de amor, de interés y de respeto. Y no solo eso, sino que, con ese acto, nos dijeron entre líneas: «Esta también es vuestra casa, aquí vuestras tradiciones son importantes para nosotros, nos importáis».

Un día Ani me contó que había probado la ayahuasca. Yo no he probado las drogas en mi vida y estoy totalmente en contra de ellas, pero cuando ella me contó su aventura, su experimento, yo mostré todo el interés que de verdad sentía. Te prometo que lo sentía, porque verla cómo me lo contaba era más importante que el contenido en sí (obviamente digo esto porque no consume de forma habitual, sino que fue una ocasión puntual). Le hice preguntas sobre cómo se sintió y sobre cómo lo vivió mientras la miraba y le sonreía.

TRUQUITO: MUESTRA INTERÉS.

Mostrar interés es una forma de amor, y para ello es muy importante reunir los siguientes ingredientes:

1. **Empatía:** el interés aumenta cuando eres capaz de ponerte en el lugar de esa persona y ver la vida desde su perspectiva. Si te cuesta mantener el interés, haz estas preguntas:

   - ¿Cómo te sientes?
   - ¿Cómo lo ves?
   - ¿Qué opinas?
   - ¿Qué harás/harías?

2. **Escucha activa:** es preferible que escuches con atención, aunque luego no sepas qué decir, a que estés pensando en lo que vas a contestar. Te aseguro que muchas veces lo que necesitan las personas es que las escuches.

   - Mantén contacto visual.
   - Utiliza lenguaje fático, aquel que te ayude a mantener la conversación activa: «ok», «ajá», «claro», «entiendo».
   - Parafrasea cuando te cueste entender o no sepas qué decir. «Así que no sabes si volver con tu ex, ¿no? ¿Lo he entendido bien?».
   - Tu cuerpo habla: si la persona que tienes delante te está hablando, pero tú estás colocado en dirección contraria o mirando hacia tu alrededor, quizá perciba falta de interés por tu parte. Que tu cuerpo, tu

mirada y tus gestos estén enfocados en la conversación.

3. **Humildad:** sobre todo para reconocer que hay muchísimas realidades posibles, factibles y correctas, que no tendrás siempre la razón, que la vida es gris (ni blanca ni negra), y que puedes equivocarte. Que la experta en su propia vida es la persona que te está hablando, y no tú.

4. **Tolerancia:** al error ajeno, a las formas distintas de pensar, de sentir y de actuar.

¿Cómo digo las cosas? Asertividad

Algo que suele suceder en las amistades, y en las relaciones en general, es que nos cuesta muchísimo poner las cosas encima de la mesa. Es como si estuviéramos en un comedor pequeño con un elefante rosa enorme y para caminar tuviéramos que coger la trompa y moverla, y para hablar con la persona de al lado tuviéramos que sentarnos en su pata, pero nadie, absolutamente nadie de la sala, manifestase lo evidente: que hay un elefante rosa gigante en la habitación.

¿Te acuerdas de la lista de banderas rojas del capítulo anterior? Estoy muy muy segura de que, si hablara con la mayoría de las personas que participaron en elaborar esa lista, me dirían que ninguna había expresado sus límites a las amistades que les habían herido. Percibimos que nos ignoran, que nos menosprecian, que no nos respetan y que estamos incómodos, pero, aun así, no somos capaces de expresarlo. No podemos esconderlo ni ignorarlo, pero escogemos no hablarlo. Y, a veces, cuando decidimos expresar lo que nos ha molestado es porque hemos petado y ya no podemos más. Y cuando actuamos así las formas no son las ideales y todo acaba en una pelea, reforzando la idea de que es mejor no hablar las cosas. Nos decimos: «Total, ¿para qué? ¿Para que se enfade?».

Entonces, lo primero que te diré antes de que sueltes es que mires lo que tienes y veas si se puede reparar, si se puede recuperar, salvar y reconectar de manera distinta. A veces con que tú des el primer paso, el cambio viene en efecto dominó y todo el sistema se modifica. Pero hazlo solo si te apetece, aquí no forzamos a nadie, cada uno tiene su momento, y eso es respetable.

Quizá la próxima vez que te leas este libro estás en el modo reparador y este apartado te encaja mejor.

Me escucho: ¿qué cosas que me han molestado quiero expresar?

Te propongo que, si quieres, pienses en personas que te han herido y en si les has comunicado tu malestar. Lee con atención el siguiente recuadro y complétalo.

Persona que tiende a herirme.	¿Tengo algo que ver con que ella actúe de esa manera? Ponte en su lugar y observa cómo eres tú cuando estás con ella, para imaginar qué puede estar recibiendo.	¿Qué intentos ha habido de expresarle cómo me siento?

¿Cómo han ido esas experiencias?	¿Qué me gustaría decirle?	¿Qué me impide hacerlo?

Asertividad para conversaciones incómodas

Ahora voy a enseñarte algunos trucos de asertividad para que puedas enfrentarte a conversaciones incómodas, sin las cuales difícilmente podrás profundizar con alguien.

1. No etiquetes. Por mucho que esa persona haya actuado repetidas veces de una forma concreta, sigue sin definirla por esa acción. La creencia de que nos definen nuestras acciones es un poco tramposa, porque una persona puede actuar de una manera hoy y de otra mañana, y ser muchísimo más que esas dos cosas. En definitiva, evita la palabra «eres».
2. Ni «siempre» ni «nunca». Sobre todo porque no son palabras realistas, pero hacen mucho daño. Por tanto, evita el «tú siempre...». Podrías cambiarlo por «últimamente, varias veces, llevas un tiempo...». Esto se podría ajustar más a una realidad.
3. Habla de ti, de tu dolor, desde tu perspectiva. Utiliza frases o palabras como «me siento», «veo», «creo», «percibo»...
Ayuda mucho añadir humildad y respeto a la conversación con frases como «Corrígeme si me equivoco» o «Quizá tú lo ves diferente, pero...».

Hacer evidente lo que se está escondiendo empodera. Si yo tengo la sospecha de que mis amigas han hecho un grupo de WhatsApp aparte, lo pregunto. Si me entero de que mi amiga me ha insultado a mis espaldas, la confronto porque me duele y mis emociones son importantes.

Tú no te tienes que avergonzar del comportamiento deshonesto de otra persona.

Las personas tenemos una capacidad permanente de asombro.

Cuando conocemos a alguien, siempre habrá recovecos, entresijos y rincones que se nos escapan, como pasa con nosotros mismos.

Cuando decimos que alguien nos ha fallado, lo que en realidad significa es que nos ha asombrado negativamente. Ese rincón, ese entresijo, no lo conocíamos aún, pero no define en su totalidad a la persona. No es justo que, por una nueva parte que veamos, se opaque todo lo que ya conocíamos.

Técnica del sándwich

Esta es una herramienta que utilizo en mi vida a diario, y me parece maravillosa porque es muy efectiva. La asertividad, es decir, la habilidad de comunicar y defender tus derechos, ideas, pensamientos y emociones respetando los de los demás, no es un salvavidas ni te garantiza el éxito al cien por cien, pero ayuda mucho.

Quiero que entiendas que, por mucho que te esfuerces en que una conversación vaya bien, entendiendo este bien como la ausencia de conflicto o de discusión, de herida o de dolor, no depende solo de ti. Podrías hablar con todo el amor del mundo, que hay una gran parte que tiene que ver con la otra persona, con sus emociones, su historia de vida, el día que haya tenido, sus hormonas, sus heridas... Pero que lo intentes es una maravilla.

Cuando quieras expresar tu opinión sobre algo que ha sucedido que necesites que cambie, la técnica del sándwich será tu mejor aliada:

1. Empezamos con el pan, con la tapa: aquí pretendemos amenizar la conversación que se avecina, evitar que esa persona se ponga en guardia, tranquilizar y suavizar. Para ello te invito a que le digas algo bueno sobre ella o sobre vuestra relación. Por ejemplo: «Sabes que te quiero mucho», «Creo que has pasado un tiempo muy difícil y necesito que sepas que lo sé, lo veo», «Me encanta pasar tiempo juntos», etc.

2. El interior del sándwich es clave, y lo forman dos apartados:

   2.1. Aquí encontramos el famoso «pero». En este apartado, evitaremos a toda costa lo que te he comentado en el apartado anterior, es decir, trataremos de no etiquetar, acusar, utilizar las palabras «siempre» o «eres». También evitaremos responsabilizar al otro de mis emociones con expresiones como «me alteras» o «me enfadas». En cambio, utilizaremos la siguiente combinación:

   - Pero cuando tú (dices, haces, piensas, etc.) __________ yo me siento/pongo __________.
   - Pero no puedo ____________ cuando tú haces ___________.

   ¿Qué ganamos con esto? Responsabilizarnos de lo que sentimos y que la persona no se sienta atacada.

   2.2. Aquí te lanzo una pregunta: ¿qué pretendes con esta conversación? Tanto si solo quieres desahogarte como si necesitas un cambio específico, deberás decírselo. En este apartado, toca hacerle saber a esa persona que la conversación tiene un propósito:

   - Te digo esto porque necesito que veas mi punto de vista y sentirme comprendida por ti.
   - Así que ¿qué te parece si la próxima vez _____?

3. La última parte del sándwich es igual o más importante que las demás. El cierre debe ser igual de dulce que el primer bocado. Hacer una crítica constructiva y expresar la incomodidad es todo un arte y lleva práctica y tiempo, tranquila. En este final, podrías probar con recordarle que lo quieres, recordar sus virtudes, por qué quieres tener esta conversación, etc.
    - Porque te quiero y quiero que construyamos algo bonito.
    - Porque estoy segura de que si trabajamos esto __________.
    - Porque creo que eres una persona maravillosa y ________.

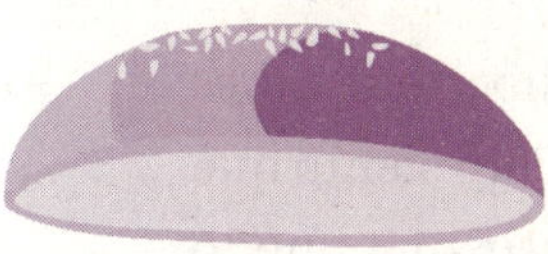

Comprendo que ______________________

____

Me encanta que ______________________

____

Tú sabes que eres ____________________

____

Pero no puedo ______________________

porque __________________________

Pero cuando tú haces ________________

yo me siento ______________________

¿Por qué no se lo dices a _______________?

¿Qué tal si la próxima vez hacemos ________

____________________________?

Te digo esto porque me gusta ____________

____

¿Sabes lo que creo que es más importante en una conversación incómoda? Que quede clarísimo el objetivo. ¿Recuerdas el juego del teléfono? Te ponías en círculo con más gente, la primera persona le susurraba al oído de la de al lado un mensaje, os lo ibais pasando y, al llegar a la última, el mensaje estaba totalmente cambiado.

Imagina que hoy he tenido un día muy malo, que en el trabajo mi jefa me ha llamado la atención muchas veces y he salido con el sentimiento de insuficiencia y tristeza y pensando irracionalmente que no sé hacer bien las cosas. Había quedado con una amiga, pero, honestamente, solo tengo ganas de tirarme en el sofá y hacer el bicho bola. Le digo a mi amiga que no puedo quedar y ella, con todo su cariño, al día siguiente me dice:

«Amor, siento mucho que hayas tenido un día horrible, sabes que te quiero y que estoy aquí para cualquier cosa. Pero siento que cuando te pasa algo, me alejas y me gustaría sentir que puedo ayudarte de alguna manera. Últimamente en tu trabajo no estás bien y me has cancelado varias veces. No sé cómo ayudarte si no estoy cerca. ¿Qué te parece si quedamos igualmente y hago el bicho bola contigo? O, al menos, si al medio día ya ves que no te apetece, que me avises con más tiempo, porque me quedo colgada y sin saber qué hacer contigo y conmigo. Te lo digo porque te quiero mucho, me gustaría ayudarte. Si lo que necesitas es que me aparte, lo respeto, pero necesitaba expresártelo».

Quizá, yo, al leer que mi amiga me dice esto, lo que me llega a la mente es un: «Jolín, tampoco soy buena amiga. También lo hago mal con ella». Y es la gota que colma el vaso. Y mi amiga ha sido un amor, me ha repetido que me quiere mucho, pero yo estoy en el pozo y ella tampoco es adivina.

¿Qué hacemos entonces? Te voy a dar un truco que me ayuda mucho durante esas conversaciones incómodas: pregúntale a la persona qué es lo que ha entendido. Te prometo que a veces he sentido que hablo en japonés, porque la persona ha entendido algo completamente distinto a lo que quería decir, pero en vez de frustrarte y hacer sentir tonta a la persona por no entender, practica la humildad y vuelve a explicárselo de otra manera, sin ser condescendiente. Esa persona tiene un filtro y unas gafas que tiñen su perspectiva de un color muy diferente al tuyo. Por ejemplo, puedes decir: «A ver, ¿qué has entendido de lo que te acabo de decir? Te lo pregunto porque necesito asegurarme de que me he expresado bien, de que entiendes mi intención y el porqué te digo esto». A mí esta frase me ha ahorrado muchísimos malentendidos.

En las duras y en las maduras: aprender a saber estar

A la hora de cuidar nuestras amistades, además de ser asertivos, es importante que aprendamos a saber estar cuando pasen adversidades o situaciones más o menos delicadas.

Han criticado a mi amiga

Te voy a contar algo, pero no se lo digas a nadie. A día de hoy, aún no he visto ninguna amistad profunda e íntima en la que no haya críticas a terceros. Somos humanos, comentamos, y sería hipócrita por mi parte decirte con la boca muy grande que jamás critiques o hables de una amiga con otra. No va a ocurrir, porque la mayoría de las personas necesitamos desahogarnos. Sin embargo, sé prudente, por favor, en lo que dices, en cómo lo dices y en tus intenciones. Sé limpia si no quieres caer en la triangulación, un fenómeno que ya hemos visto que puede abocar a la toxicidad.

Recuerdo una vez, hace muchísimos años, y con esto te pido que perdones a la Alicia joven e imprudente, le dije a mi amiga Jud, hablando de la nueva novia de un conocido, que no era tan guapa como su ex. Jud me metió un corte que aún le agradezco hoy. Me dijo: «Ali, para él será preciosa, y eso es lo que importa». Me sentí superculpable y rápidamente le di la razón. Con mi amiga Jud comparto opiniones sobre lo que vivo, experimento en primera persona y siento. Pero no lanzamos críticas venenosas al viento.

Creo que llenarte de pensamientos negativos sobre los demás evita que entre la luz y la felicidad a tu vida, a tu cabeza y a tu corazón.

Ahora bien, voy a lanzar algo que me parece crucial. **Si yo le comento a mi amiga algo que otra persona ha dicho de ella, lo que no puedo pretender es decirle que, encima, no puede decir nada.** Es egoísta e injusto. Egoísta porque lo he soltado, quizá porque me pesaba demasiado, y se lo he pasado a la víctima del insulto. Injusto porque, además de hacerle saber que una persona ha hablado mal de ella y lo mal que le debe de hacer sentir, le veto la capacidad de defenderse, le pongo un bozal. Claro, porque, si no, esa persona quedará de chivata.

Recuerdo una vez que mi amiga Paula me dijo: «No se lo puedes decir a nadie, pero ¿sabes lo que dijo el otro día Marta de ti? Que se te había ido la olla teniendo una niña ahora, que estabas loca y que no te iría bien». Imagínate mi cara. Obviamente le dije: «Querida, no me voy a callar, quiero que lo sepas. No diré que me lo has dicho tú, pero no puedes pretender que, con esta información, vea a Marta y haga como si nada. Podrías no habérmelo dicho y yo vivir en la ignorancia».

Si te enteras de que alguien ha hablado mal de tu amiga y eso te duele, tienes dos opciones:

a. Dirigirte tú a esa persona y expresarle tu punto de vista.
b. Decírselo a tu amiga sin exigir que actúe de una determinada manera y asumiendo la responsabilidad de habérselo dicho.

Si estás pensando en la opción b, antes de que lo hagas necesito que pienses si vale la pena. ¿Es una persona con la que se relaciona a menudo? ¿Es alguien a quien ve? Si prácticamente no tiene contacto, ¿es necesario hacerle pasar un mal rato? Ahí lo dejo.

A mi amiga le ha sido infiel su pareja

Por desgracia, nos vamos a tener que enfrentar a esta situación en algún momento. Se trata de algo que en terapia veo a menudo, y nuestra postura como amigas es crucial.

La infidelidad tiene un efecto inicial de terremoto. Arrasa con absolutamente toda la realidad de la persona que la sufre.

Cuando tu amiga te llame o te escriba y te cuente que su pareja le ha sido infiel, por favor, evita lo siguiente:

- Insultar a su pareja.
- Decirle lo que tiene que hacer.
- Absorber la conversación y darle más importancia a tu *shock*, opinión y sentimientos que a sus emociones.

En vez de eso, expresa cuantísimo lo sientes. Cuantísimo la quieres. Dile que estás con ella. Pregúntale si quiere que os veáis (si eso es posible), pregúntale qué necesita ahora mismo de ti. Es posible que no lo sepa porque esté abrumada, pero es importante que sienta seguridad contigo. Los primeros días tras descubrir una infidelidad son una montaña rusa alucinante, te aviso de que no te escuchará con atención. Es muy probable que te pregunte «¿Qué hago?». No te precipites, amiga. Aunque por dentro sientas rabia y quieras que le dé una patada en el culo a su pareja por hacer sufrir a tu amiga, aquí lo importante es ella, no como te sientas tú.

Devuélvele la pregunta: «¿Qué te apetece hacer?». Recuérdale que no tiene que precipitarse en tomar una decisión y que, si la toma, luego puede deshacerla en cualquier momento.

Déjale claro que no la juzgas y que estás ahí para escucharla. Porque eso es lo que va a requerir de ti la mayor parte del tiempo: hablar, volver una y otra vez al momento en el que se enteró, divagar en voz alta mientras ata cabos, mirar al infinito y recordar situaciones que intenta relacionar.

> De ti va a necesitar, sobre todo, contención, sostén, escucha incondicional y sin juicio.

Luego seguirá siendo una montaña rusa, pero te seguirá necesitando, porque quizá decide volver y se avergüenza, o quizá no, y tiene que vivir un duelo repentino. O puede que lo intenten y necesite desahogarse contigo a pesar de querer continuar.

Si la infidelidad que ha vivido tu amiga es un tema muy privado y no puedes comentarlo con nadie, puedes escribir para desahogarte, ya que tampoco será fácil para ti. A veces será frustrante, otras te sentirás triste, compasiva o rabiosa. Tú también necesitas tu espacio, aunque sea sobre papel.

Mi amigo está pasando por un momento muy difícil, ¿cómo le ayudo?

Quiero dejarte algo muy muy claro: **no eres ni serás ni debes pretender ser la salvadora de nadie.** Tu papel de acompañamiento y sostén a tus amigos será clave, pero no la única e indispensable solución para sanar sus vidas. Por lo tanto, si tu amiga está pasando por un momento muy difícil, si tiene algún problema de salud mental o si está pensando en tomar soluciones drásticas, tienes que estar.

Estar ya es mucho, muchísimo. Sostener las conversaciones que dan miedo y que asustan es un tesoro, créeme. Cuando una persona que está pensando en acabar con todo se atreve a compartir su pensamiento, no está buscando que le den la solución mágica a su problema, sino que la escuchen sin juicios, que validen sus emociones, que la quieran y que la acompañen a buscar soluciones para que el dolor tan insoportable se reduzca.

Eres humano y, por lo tanto, no puedes evitar sufrir cuando ves el sufrimiento de alguien a quien quieres. Las relaciones son así, no son siempre bonitas, y si eres tú quien está sufriendo y no quieres ser una carga para los demás, te diré que dar la oportunidad a la gente de servir, de cuidar, de sentirse válido y necesitado, también es un tesoro. Déjate cuidar, déjate querer.

Algunos trastornos como la ansiedad o la depresión han sido subestimados durante mucho tiempo. Se han relacionado con la pereza, la vagancia y la debilidad, y eso ha hecho que hayamos juzgado a nuestros amigos:

- «Te digo de quedar y nunca quieres; si pretendes ponerte mejor tendrás que poner de tu parte».
- «Lo que tienes que hacer es dejar de ser tan sensible, que no te afecten tanto las cosas».
- «Ay, ¿cómo te va a dar ansiedad esta tontería?».

La ignorancia no es una justificación para soltar ninguna de estas frases. Si no sabes lo que es la ansiedad social, la depresión o un trastorno de alimentación, solo tienes que preguntar e informarte. Aparte de que las redes sociales están plagadas de información sobre salud mental, tienes a tu lado a una persona experta en su propio dolor, a quien puedes preguntarle genuinamente y con interés sobre su sufrimiento, sus miedos y su punto de vista.

TRUQUITO: APROVECHA LOS BUENOS MOMENTOS PARA ACOMPAÑAR EN LOS MALOS.

Si tu amiga está pasando por un mal momento, aprovecha un oasis en el que esté bien y tranquila para preguntarle qué le gustaría que tú y tus amigos hicierais cuando está pasando por una mala racha. Esto te servirá para poder ayudarla mejor cuando tenga una recaída y le demostrará que tienes un interés genuino en su bienestar y en vuestra relación.

Sé que sientes su tristeza.
Sé que piensas que ojalá pudieras evitar el dolor ajeno.
Pero no te martirices, ya estás haciendo suficiente.
Estando.
Escuchando.
Creando un espacio seguro.
Créeme, lo estás haciendo bien.

Resumen

- Las amistades no se miden en cantidad, sino en calidad.
- Para que tus amigos se sientan cuidados, tienes que aportar reciprocidad, humildad, transparencia, intimidad y seguridad.
- Poder hablar de lo que nos ha molestado con una amistad es clave, pero para hacerlo tendremos que ser asertivos.
- Cuando un amigo pasa por un mal momento, tenemos que apoyar sin juzgar y quedarnos en un segundo plano.

¿POR DÓNDE EMPIEZO?

Al ser introvertido, me cuesta mucho hacer amigos.

Siempre me da corte intervenir en las conversaciones.

¿Cómo voy a hacer amigos si solo voy de casa al trabajo?

Tengo muchos amigos, pero a veces me aburro y siento la necesidad de conocer a otras personas.

Dale Carnegie, en su libro *Cómo ganar amigos*, nos muestra distintas reglas para poder construir relaciones de amistad más sólidas. Algunas de las que nombra son sencillas pero sutiles, lo que las convierte en extremadamente relevantes. Lo que Carnegie nos muestra es que son los pequeños detalles los que importan y los que preceden a las grandes declaraciones. Una sonrisa amable, mostrar interés por las aficiones de nuestros amigos, recordar el nombre de las personas que acabamos de conocer... En todas estas acciones sin aparente importancia escuchamos, elogiamos y alentamos.

Si crees que todo esto no va contigo porque sientes que no tienes opciones y tienes que empezar de cero, en este último capítulo voy a ayudarte.

Crea tus oportunidades y aprovéchalas

En una sesión de terapia, una mujer maravillosa a la que asistía, me dijo enfadada: «La gente me anima a apuntarme a hacer deporte para hacer amigos; pero cuando vas al gimnasio, terminas una clase y luego te vas a tu casa, sin tiempo de hacer amistades». Sin embargo, le dije que siempre se presentan oportunidades de iniciar conversaciones. Lo que pasa es que o no siempre las sabemos ver o se nos hace incómodo notar que las estamos forzando.

Séneca dice que la suerte se presenta cuando la preparación coincide con la oportunidad. Es decir, la suerte es el resultado de algo que tú provocas y buscas. **Eres agente, recuérdalo; siempre tienes la capacidad de actuar, de hacer cosas y de provocar que pasen cosas.** Y esto es algo que me gustaría que se te quedara grabado en la cabeza después de leer este libro y de poner en práctica todas las herramientas que te he ido proporcionando: siempre hay opción de actuar, así como de cambiar algo que no te gusta.

Llevo viviendo en mi piso cuatro años y mi hija ya tiene dos. Hemos estado yendo al mismo supermercado todo este tiempo. Las mujeres que trabajan allí me han visto cada semana desde entonces: antes de estar embarazada, cuando tenía un buen barrigón y una vez que había dado a luz y llevaba a mi hija en brazos. Fue muy bonito ver cómo lo que primero fueron sonrisas educadas pasaron a ser frases sueltas, para después convertirse en conversaciones más largas, hablando un poco de todo y de nada. Hoy he entrado solo a comprar nata para cocinar, y una de ellas me ha dicho: «¿Cómo está tu hija? Es preciosa, me encanta verla». «Enorme —le he dicho—. Dos años ya». «Madre mía, cómo pasa el tiempo..., dos años», me ha respondido ella. Me he sentido genial, me he sentido vista, como en casa.

Pero esto no ha sido de la noche a la mañana, ha sido algo lento, gradual, donde he ido cogiendo confianza poco a poco y he ido observando a las trabajadoras del súper, pensando cuándo podría surgir una buena oportunidad para iniciar una conversación. Con el tiempo, he logrado que un espacio tan aparentemente «impersonal» como un supermercado se convirtiera, también, en parte de mi casa. ¿Suerte? Bueno, podría ser. Pero lo que tengo claro es que he sido yo quien ha querido que ambas (mi hija y yo) nos sintamos bien en el supermercado, ¿me explico?

Cuida tu lenguaje corporal

Te cuento otra anécdota donde intenté tomar las riendas y procuré hacer que la suerte estuviera de mi lado. Hace un par de meses me apunté a flamenco y, como llegaba justa de tiempo para el inicio de la clase, cuando entraba al vestuario para cambiarme de ropa no había nadie, así que siempre me encontraba con mis compañeros directamente en el aula de baile. Luego hacía mis pasos, escuchaba las indicaciones, me movía con todo el mundo y, al terminar, de vuelta al vestuario. Los primeros dos días, solo observaba y no hablaba con nadie. No hacía el bicho bola, agachando la cabeza sin mirar a nadie, sino que la levantaba y observaba. **Mi lenguaje corporal mostraba apertura e interés por socializar.** Miraba a la gente cuando hablaba y sonreía o asentía cuando me miraban. ¿Cómo creéis que terminó? Pues a los pocos días dije algo, luego ese algo se convirtió en una frase, la frase en charla y la charla en una conversación tomando una cerveza a la salida de la sesión de baile con todo el grupo.

Lo que siempre les digo a mis pacientes es que, si al llegar a un sitio lo que hacemos es no mantener contacto visual con nadie, damos a entender que no estamos interesados en conocer a nadie. A este fenómeno se le conoce como profecía autocumplida, donde acabamos provocando lo que queremos evitar. Quiero hacer amigos y tengo miedo al rechazo, pero con mi actitud acabo provocando que nadie se me acerque. Es muy importante fijarte en el mensaje que están dando tu cuerpo y tu actitud, ya que eso siempre tiene una lectura por parte de los demás.

Como decía antes, las oportunidades requieren acción: somos seres capaces de actuar, de tomar partido, de mostrar actitudes que conlleven mensajes. Ahora bien, esto muchas veces es de ritmo pausado, lento, y requiere unos días o unas semanas: ¡no esperes trabar una gran amistad en una semana! Quiero que veas que, más allá de crearnos nuestras oportunidades y de saber aprovechar aquellas que se nos presenten, tienes que darte tiempo para que la amistad se forje y cuaje, y eso requiere días, semanas, meses e incluso años. **Tiempo. La amistad es sinónimo de tiempo.**

Nuestro cuerpo ofrece una información muy poderosa para la persona que la percibe. Incluso los silencios hablan, y cuando escogemos no comunicar, ya estamos mandando un mensaje. La primera impresión que causamos en la otra persona depende en gran medida de tu comunicación no verbal: tu mirada, tu postura corporal, los gestos, tu sonrisa, tu voz... Es imposible no comunicar. Todo eso también forma parte del mensaje, así que te recomiendo que empieces a fijarte en todos estos detalles. Ya verás como te sorprende su efecto.

TRUQUITO: CONTROLA TU LENGUAJE CORPORAL.

- **Empodérate con tu postura.** La postura de poder consiste en sacar ligeramente el pecho hacia fuera. No demasiado, no queremos parecer dominantes, pero sí seguros. Cuando nos colocamos en esta postura, nuestro cerebro tarda dos segundos en generar testosterona en sangre, la hormona del deseo sexual y del poder. Como suele decirse, «*fake it till you make it*»: fíngelo hasta que lo consigas.
- **Mantén tus hombros relajados.** Para comprobar si estás tensa, súbelos hacia las orejas con fuerza y después suéltalos.
- **Sube la barbilla como una bailarina de ballet.** Cuando nuestra cara mira hacia el suelo, mandamos un mensaje de vergüenza e inseguridad.
- **Destensa la cara.** Prueba a sonreír forzadamente, tanto como para que se te cierren los ojos. Aprieta, levanta las cejas, y ahora suéltalo todo. A veces nos acostumbramos demasiado a vivir tan tensos que ni nos damos cuenta de que lo estamos.

- **¡La mirada es tan importante!** No apartes la mirada de la persona a pesar de que haya terminado de hablar. Si te pone nervioso mirar directamente a los ojos y resulta que no estás muy cerca, mira su frente, sus cejas o su nariz. Cuando fijamos la vista, mostramos interés. Si el tema de la conversación lo permite, sonríe y proporciona un *feedback*: asiente, reformula lo que has escuchado…
- **Tu cuerpo debe estar enfocado hacia tu interlocutor.** Entiendo que puede parecer obvio, ya que, si estoy hablando con una persona y le doy la espalda, se consideraría mala educación. Pero también lo es estar mirando hacia delante si estamos parados y la persona de mi derecha me está hablando.
- **Controla el tono y el volumen de tu voz.** No deben ser ni demasiado bajos ni demasiado altos. Lo notarás porque, si tu interlocutor no te escucha bien, quizá mueva la cara y te apunte con su oído para agudizarlo o frunza el ceño en señal de concentración. En cambio, si resulta que estás alzando la voz, es probable que la persona con la que hables guarde distancia o se aparte.

No tienes que buscar lejos: los compañeros de trabajo

Nos pasamos media vida trabajando y compartiendo nuestros días con personas con las que, en ocasiones, apenas tenemos relación alguna. Métete en la cabeza que eso no tiene ningún sentido y que es imposible trabajar en estas condiciones: se acabará haciendo insoportable. Claro que cuando empezamos a trabajar en un lugar no escogemos a nuestros compañeros, ya que eso es un cóctel que viene en el menú, y que podemos tener la suerte de que nos guste o no. Sin embargo, una vez más, recuerda que la suerte es algo que provocamos.

A veces no nos damos el espacio y el tiempo suficiente para profundizar en nuestras relaciones laborales. No somos conscientes del increíble potencial que puede tener el ambiente en el trabajo y nos limitamos a verlo como algo «externo» a nosotros, donde vamos y volvemos como si fuéramos máquinas dedicadas a producir y producir. **Pero no, un ambiente de trabajo es un nido de potenciales amigos.**

Antes de seguir leyendo, dedica cinco minutos a pensar en tu entorno laboral y reflexiona sobre si podrías hacer pequeños cambios, en especial en lo que concierne a tu actitud y a cómo te leen las demás personas. Recuerda, quizá tu gente está más cerca de lo que crees.

TRUQUITO: APROVECHA LAS OCASIONES DEL DÍA A DÍA.

¿Comes solo delante del ordenador? Si tu prioridad es hacer amigos, quizá puedes interrumpir tu productividad durante veinte minutos y dedicar este tiempo a ir a una sala donde haya más personas. Observa y escucha las conversaciones, y anímate a participar en ellas o a iniciarlas tú mismo. Muestra interés en conocer a la gente que te rodea.

El verdadero buen ambiente laboral es aquel donde se pueden cocer amistades. Más allá de cuidar ciertas formas y de tener cierto rigor profesional, **es importante no olvidarnos de invertir nuestro tiempo en las relaciones con las que más**

proximidad compartimos. Además, debido a que nos pasamos gran parte del día trabajando, la ventaja de las relaciones laborales es que vienen acompañadas de mucho tiempo y oportunidades: el roce hace el cariño, eso es algo que no es exclusivo de las relaciones sentimentales, ya que la amistad requiere, también, de afecto.

Suéltate y di que sí

En 2013, las psicólogas Gillian Sandstrom y Elizabeth Dunn publicaron un artículo académico donde mostraron que los seres humanos tenemos tendencia a creer que prosperaremos más si mantenemos una actitud que nos muestre como personas reservadas. Además, añaden, por lo general también tendemos a pensar que la interacción breve con extraños no nos es beneficiosa. Pues bien, ambas investigadoras explican en el artículo cómo estas asunciones son erróneas.

Lo que Sandstrom y Dunn comentan es que **el simple contacto afectivo con extraños, aunque sea breve, aumenta nuestra felicidad, mejora nuestro estado de ánimo y nos inclina hacia la apertura social**. Piensa, por ejemplo, en esos momentos en los que vas a tomar un café en un bar: ¿hablas con el camarero o simplemente le sonríes? ¿Sueltas algún comentario mientras te lo prepara? Esa pequeña interacción incrementa nuestra salud emocional y hace que nos sintamos mejor. La psicología ha demostrado que estos vínculos sociales, en apariencia sin sentido ni importancia en nuestras vidas, son muy relevantes y contribuyen a nuestro bienestar social, del mismo modo que nuestros enlaces afectivos próximos.

Confieso que cuando leí el artículo de Sandstrom y Dunn me

vino a la cabeza mi padre: habla con todo el mundo y no desaprovecha ninguna ocasión que se presente para entablar una conversación. Estoy segura de que, si mi padre hubiera nacido en la época de Facebook o Instagram, tendría la red saturada de contactos de esos que los ves un día y piensas: «¿Y esta persona quién es?». ¿Y por qué? Porque interactuar con alguien le hace feliz, aunque sea durante cinco segundos. ¿A quién le amarga un dulce? ¿A quién le amarga una sonrisa de vuelta, una risa, una palabra amable, una frase cómplice? A nadie. Son cosas que, necesariamente, siempre traen más bien que mal.

TRUQUITO: APRÉNDETE SU NOMBRE.

El hecho de que te aprendas el nombre de la persona con la que estás manteniendo una conversación, denota interés. Decía Dale Carnegie que no hay cosa más dulce para alguien que escuchar su nombre en boca de la persona con la que está hablando. Si me llamas por mi nombre, me sentiré vista, y esa es una sensación maravillosa.

¡En acción! Da el paso

Te propongo un ejercicio para que vayas soltándote y ganes confianza.

1. Durante dos días, cuando vayas al trabajo, al gimnasio o salgas de tu casa, fíjate en las personas que te rodean, sobre todo en las que te has cruzado varias veces: el panadero, la conductora del autobús, las personas con las que compartes cada ma-

ñana esa parada, el personal de recepción... Fíjate en tu entorno social ajeno, el no familiar.

2. A partir del tercer día saluda a, por lo menos, un par de estas personas. Míralas y resalta algo que te gusta de ellas. Por ejemplo: «Buenos días, ¡me encanta tu pelo, siempre que te veo lo pienso!».

3. Observa cómo reacciona esa persona tras tu comentario, y no solo ese día, sino los días siguientes cuando la vuelvas a ver.

4. No des pasos hacia atrás. Puede ser que te hayas topado con alguien que no sabe encajar cumplidos o que siente vergüenza. Pero tú vas a normalizar la situación y, al día siguiente, la mirarás, sonreirás y saludarás. Al cabo de unos días, puedes hacer alguna observación sobre el tiempo o el tráfico, que son menos directas y personales y, tal vez, serán mejor acogidas.

Tener miedo a entablar una conversación no es sinónimo de que no debas entablarla. Puedes iniciar una conversación con miedo, no pasará nada. Piensa que hay mucha gente que se siente sola, y que un cumplido les puede alegrar el día. Lo que más te vas a encontrar es empatía, comprensión y cercanía.

Otro ejercicio que te propongo es que digas que sí a todos los planes que se te presenten. Prueba cosas distintas, sal de esa zona de confort que te está ahogando y que te impide vivir experiencias nuevas. Vivir libremente es eso: atreverse a salir de nuestro pequeño círculo. Por supuesto que puedes ponerte límites, está claro: si te proponen un plan contrario a tus valores, estás en tu derecho de denegar la propuesta; pero si esa negativa surge del aburrimiento que anticipas, o del juicio que emites sobre esa actividad o sobre esa persona, enciérralo en un cajón. Quizá te sorprendes haciendo cosas nuevas que jamás hubieras pensado, y no solo eso, tal vez hasta las disfrutes. **¿Qué es lo peor que podría pasar? ¿Vivir una experiencia nueva para poder contársela a alguien?**

Esto va de la mano de la disponibilidad de tiempo: es evidente que hacer planes requiere poder dedicarse a ellos. Intenta buscar tiempo de otros sitios, como por ejemplo a partir de limitar tu tiempo delante de pantallas, y razona bien cómo lo usas. Es innegable que dentro del teléfono existe un universo y una realidad casi tangible, **pero las relaciones virtuales jamás podrán compararse con las que tienen presencia, olor, química, contacto físico**. Cuanto menos tiempo pases navegando por redes, o jugando a videojuegos, más podrás dedicarte a conectar de verdad. Cuando te recomiendo que lo uses con cabeza, no te digo que quede prohibido abrir las redes por aburrimiento; a fin de cuentas, el mundo virtual es un espacio más donde conocer a gente y donde compartir aficiones e ideas. Lo que te digo es que utilices tu tiempo consciente de que es limitado, y que cuanto más lo dedicas por un lado, más lo pierdes por otro.

Y, hablando de mundos virtuales, te invito también a que pruebes de utilizar aplicaciones para conocer gente. Funcionan de manera muy parecida a las aplicaciones de citas, ya que se basan en lo que las personas deciden presentar de sí mismas en redes y en un mix de prejuicios y química. Lo positivo de estos métodos es que puedes filtrar los perfiles por localización, y así conocer gente que tenga los mismos intereses que tú y que vivan cerca. Bumble BFF, MeetMe o Meetup son algunas de las aplicaciones que se dedican a conectar personas. Conocer a gente en internet no es necesariamente más sencillo, es otra manera más.

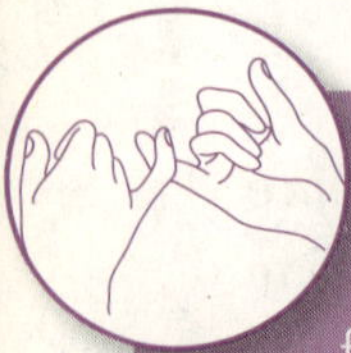

TRUQUITO: PRESÉNTATE BIEN.

Cuando utilizas aplicaciones para conocer gente, la forma en la que eliges presentarte es muy importante. Suelen aconsejarte que publiques fotografías de ti misma haciendo aquello que te gusta o te interesa, aunque si no te sientes cómoda con que se vea tu cara, puedes subir fotografías que representen quién eres (tu comida favorita, una película que ves muy a menudo, un paisaje...). En cualquier caso, no pretendas aparentar perfección ni en las fotos ni en tu texto de presentación, ya que podrías intimidar. Sé tú misma, de verdad. Ser auténtico es muchísimo más atractivo.

Alternativamente, te sugiero que te apuntes a actividades o clubes relacionados con tus aficiones: de lectura, de arte, de senderismo, a clases de baile, a una coral, a un grupo de teatro... Únete a las redes de trabajo que tu empresa o tu entorno laboral tengan organizadas, o a redes cercanas de aquello que te apasione, como una simple página de Instagram, por ejemplo. Muévete.

Truquitos para introvertidos y extrovertidos

¿Eres introvertido, extrovertido o ambivertido? Saber responder a esta pregunta te ayudará a entender de dónde sale tu energía y motivación para hacer cosas, lo que te allanará el terreno a la hora de hacer amistades. Ya te anticipo que ambos rasgos de personalidad son sanos y buenos.

Las personas introvertidas, según el prestigioso psicoanalista suizo Carl Jung, quien colaboró con Sigmund Freud, **obtienen su energía y motivación de su mundo interior.**

Generalmente, saben escuchar a las otras personas, les gusta estar solas, les cuesta confiar en los demás y tienen pocos amigos. Las personas introvertidas son mucho más sensibles que las extrovertidas a la dopamina y a la acetilcolina, dos neurotransmisores que producen anticipación de placer y relajación. De este modo, a este tipo de personas les basta un nivel muy bajo de dopamina para sentirse bien y sentirse motivadas. Es más, si hay un exceso de estimulación externa, lo perciben como estresante y les puede provocar ansiedad.

En cambio, **las personas extrovertidas** se fijan mucho más en las caras y la expresión de las personas, ya que esto les permite incrementar su nivel de dopamina. Debido a que tienen una necesidad de dopamina mayor que la de las personas introvertidas, buscan incrementar los niveles de este neurotransmisor mediante la búsqueda constante de cosas nuevas, rápidas e, incluso, peligrosas. **Las personas extrovertidas tienden a ser las que hablan y cogen energía del contacto con los demás**, las que llevan la voz cantante y buscan siempre nuevos estímulos. Esto hace que sean individuos que tienden más fácilmente a la apertura y la confianza.

Es fácil que te puedas sentir un poco de ambos, lo que te definiría como alguien ambivertido. Esto se traduce en que tienes una mayor capacidad de adaptación a nuevos escenarios y retos: puedes tener una conversación en grupo, acalorada y ruidosa en una fiesta rodeado de personas, y a la vez te encanta estar solo. Se te da bien escuchar, tiendes a ser muy empática y no te cuesta en exceso confiar en los demás sin dejar de ser prudente.

¿Cómo hago amigos si me considero introvertido?

En ocasiones me he encontrado con pacientes que me han confesado que se alegran cuando un plan al que tenían que ir se cancela por motivos ajenos: «Es un alivio para mí», me dicen. «Empatizo mucho cuando veo uno de esos *reels* en Instagram de personas felices porque se ha cancelado un plan con amigas». Yo les digo que, si supone un trabajo mantener la relación con tus amigos, saber de ellos, contarles tus problemas, reírte con ellos o hacer planes, y es un alivio tener que quedarte en el sofá de tu casa, quizá lo que te ocurre es que te abruma no saber cómo mantener el contacto ni cómo actuar estando con tus amigos.

Por ejemplo, mi paciente José era un chico de veintinueve años que trabajaba como programador informático. Durante las sesiones, él mismo se definió como un amante de la soledad, muy tímido; sin embargo, al mismo tiempo mostraba muy buena capacidad de comunicación y se notaba que le gustaba expresarse. En una sesión me comentó que tenía un grupo de amigos tímidos como él, también del mundo de la programación informática, con los que jugaba a videojuegos en línea. Un día vino muy triste a la sesión y me dijo: «Nunca hago nada con mis amigos: si uno no puede, los demás tampoco quedan». Le dije: «¿Cada cuánto te gustaría verlos?». «Cada dos semanas por mí estaría genial, o una vez a la semana», me contestó. Entonces le insté a que lo propusiera por el grupo y que, si alguno no podía, mantuvieran la quedada. Intenté animarle a tomar la voz cantante de la situación y le comenté que seguro que a sus amigos les gustaría quedar más y verse más a menudo. A la semana siguiente, volvió a terapia muy contento. Resultó que a todos ellos les costaba dar el paso, ya que a todos les gustaba la soledad; pero, al mismo tiempo, estar juntos también les hacía felices.

Cuando no sabemos muy bien cómo mantener un amigo en concreto, o como gestionar un grupo de amigos, deberíamos tener siempre presente qué personalidad tiene nuestro amigo, o nuestro grupo de amigos.

En ocasiones, es factible que nos relacionemos con gente igual de introvertida que nosotros y que simplemente por el carácter de cada uno nadie se atreve a estrechar la relación o a dar el paso. Por lo tanto, antes de dar el paso o agobiarte porque no sabes cómo mantener esa amistad, formúlate estas preguntas:

- ¿Esa persona es más extrovertida que tú?
- ¿Necesita verte más a menudo?
- ¿Cada cuánto te gustaría verla?

Una vez que tengas estas respuestas bien reflexionadas, ¡es hora de iniciar una buena conversación!

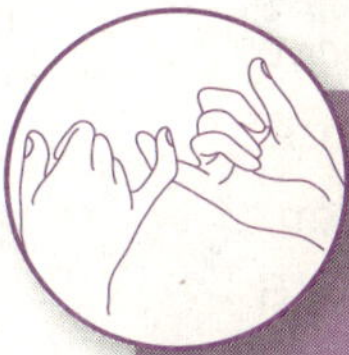

TRUQUITO: EVITA LAS PREGUNTAS DE SÍ O NO.

A la hora de iniciar una conversación, evita las preguntas cuyas respuestas sean de sí o no, o que den lugar a respuestas evasivas. Intenta buscar preguntas que puedan requerir explicar algo en concreto, o preguntas que puedan dar lugar a nuevos temas de conversación. Por ejemplo:

- **«¿Cuál fue el último restaurante al que has ido?».** Esta pregunta, aparentemente inocente, puede dar lugar a hablar de tipos de comida, lo que a su vez puede llevar a hablar de distintos países y sitios exóticos, con sus platos particulares, y dar pie a comentar viajes y experiencias vividas, lo que fácilmente puede acabar con la descripción de los planes para el verano o las vacaciones.
- **«¿Cómo te va en el trabajo?».** Esto puede dar lugar a que te cuenten si hay algún proyecto interesante, algún

compañero o compañera nueva con quien se haya entablado amistad, contar algún cotilleo, lo que podría acabar dando lugar a hablar de algún otro amigo o amiga que tengáis en común.

- **«¿Qué serie estás viendo?».** Esta pregunta te llevará a descubrir nuevas películas o series, a comparar entre plataformas de contenido o a hablar de libros y videojuegos.

A la vez, ten presente que no solo es importante tener recursos para iniciar conversaciones, sino también para saber mantenerlas y prolongarlas. Uno puede dar una respuesta llana, que no dé lugar a nuevas preguntas o, por el contrario, puede responder con algo más de contenido: no limitarse a dar un título de una serie, sino, por ejemplo, comentar en qué situaciones la miras (comiendo, en el tren, en pareja), qué le gusta o no le gusta de la serie, si tiene algún tipo de precuela, cómo nació la serie... ¡Hay un montón de contenido dentro del propio contenido, no lo olvides!

TRUQUITO: MANTÉN UNA CONVERSACIÓN Y HAZLA MÁS INTERESANTE.

La conversación es un arte que se puede aprender. Hay trucos universales que estoy segura de que te servirán en cualquier ocasión y con cualquier persona. Toma nota y a practicar.

- **Piropea.** Es tan sencillo como destacar algo de la otra persona. Podría ser su ropa, su estilo, su alegría, su gusto. Incluso algo que lleve que sea inusual: un pin, un pañuelo, un collar, etc.

- **Responde con interés, alarga las respuestas y conviértelas en preguntas.** Cuando te preguntan cómo te ha ido el fin de semana, no es lo mismo decir «bien» que responder: «Muy bien, hemos ido de acampada y el domingo estuve en casa descansando, ¿y el tuyo?». Se trata de coger las frases de la otra persona como si fueran lianas. O, si te preguntan de dónde eres, en vez de responder simplemente con el nombre de la ciudad, podrías comentar: «Soy de Tarragona, no sé si has estado alguna vez, pero tiene unas playas maravillosas. ¿Tú eres más de playa o de montaña?».
- **Sé un loro: repite.** Antes de quedarte sin palabras, te aconsejo que repitas las últimas palabras que te hayan dicho. Parece una tontería, pero la otra persona se siente escuchada. Por ejemplo: «Ayer tuve un día malísimo y trabajé un montón de horas, pero al salir del trabajo me fui a comprar y me hice una pizza en casa». «Oh, qué bien que te hicieras una pizza en casa después de trabajar tantas horas y de tener un día malo».
- **Haz que los demás brillen.** Es cierto que no a todo el mundo le gusta ser el centro de atención, pero a todos nos gusta sentir que nos ven y nos escuchan, que se acuerdan de aquello que hemos contado o explicado alguna vez. Cuando estés en un grupo, haz brillar a otra persona. Por ejemplo, podrías decirle a una amiga: «¡Cuenta lo que te pasó el otro día que fuiste a comprar!». Le haces sentir especial, mueves el centro de atención y la conversación. Sobre todo sé prudente y escoge a alguien que sepas que disfrutará de ese momento (a pesar de que sea tímido).

- **No pasa nada si te sonrojas.** Creo que es humano y no es algo de lo que avergonzarse. Lo mismo pasa con tartamudear o sudar. Es más, si te sientes nervioso, ¿has probado a decirlo? Recuerdo que una vez en una panadería había una chica a mi lado que se veía que estaba muy nerviosa y le dijo a la panadera: «Me están entrando los calores, porque me pone muy nerviosa hablar con desconocidos y es la primera vez que salgo de casa en meses». La panadera le regaló el pan y luego yo hablé un poquito con ella para compartirle mi admiración, porque fue eso lo que despertaron sus nervios en mí y en la panadera, eso y una ternura impresionante.
- **Agradece con sentido.** Elimina la palabra «gracias» siempre que no esté acompañada del porqué. Agradece el tiempo, las conversaciones entretenidas y aquello que hayas aprendido. Podrías, por ejemplo, decirle a esa persona desconocida con la que has hablado cuatro minutos: «Gracias por este ratito hablando». No sabes lo bien que sienta cuando alguien te agradece tu tiempo y tu conversación.
- **Sé tú mismo.** Evita los temas insípidos y banales. Implícate, atrévete a ser original, bromista o a equivocarte. Cuando dices alguna tontería, te aseguro que la escena es mucho peor en tu cabeza que en el mundo real.

¿Cómo cuido de mis amigos íntimos si me considero extrovertido?

En general, las personas extrovertidas avanzan *grosso modo,* pero sin entrar en detalles: no profundizan. La constante búsqueda de nuevas sensaciones positivas fruto de entrar en contacto con gente nueva impide enraizar y profundizar con la que ya se ha conocido. Si eres una persona extrovertida y sientes un ansia constante de conocer a personas nuevas, te propongo que, antes de emprender una nueva búsqueda, hagas lo siguiente:

1. **Elabora un inventario** con las personas que ya conoces y selecciona cuáles colocarías en tu círculo más íntimo (tus verdaderas amistades). Pregúntate si hay otras personas que te gustaría situar ahí, pero a las que no sería realista considerar íntimas, ya que nunca habéis tenido una grandísima amistad. Tal vez necesites invertir más tiempo en estas personas, a las que aprecias y quieres tener cerca.
2. **Frena y reflexiona.** Si vas a toda velocidad conociendo a personas, difícilmente encontrarás tiempo para examinar cómo te hace sentir cada una de ellas y cómo te sientes cuando interaccionáis. Imagínate que vas en un tren de larga distancia y lo único que quieres es ver el nombre de nuevos pueblos y estaciones, a la vez que vas resiguiendo con el Google Maps cuál es el nombre de esa montaña que se ve ahí al fondo, o por qué río estás pasando en ese instante. ¿Dirías que estás visitando algo? No, para nada. ¡Solo estarás coleccionando nombres! Para profundizar, es necesario que nos paremos en cada estación y preguntemos, hablemos y conozcamos con detalle qué se cuece por ahí. Con las personas ocurre exactamente lo mismo.
3. **Aprende a tolerar el silencio.** Te invito a que te hagas amigo del silencio: sopórtalo, forma parte de las relaciones humanas. A veces puede ser incómodo, es cierto, pero cuando llegas a altos niveles de intimidad y a establecer un vínculo seguro, el silencio es una parte más de la conversación, es par-

te de la quedada, de la fiesta, de la cena. Si interiorizas que el silencio es parte del tiempo compartido, dejarás de vivirlo con ansiedad. **Cuando queremos tapar el silencio, normalmente no utilizamos música, sino ruido, es decir, conversaciones superficiales que nos impiden profundizar.**

TRUQUITO: ROMPE EL HIELO.

Seas introvertido, extrovertido o tengas un poco de ambos, a veces, lo que más nos cuesta es arrancar una conversación. Si te da miedo encontrar esa primera frase o incluso estás pensando en crear una que te sirva de comodín en cualquier ocasión, aquí tienes unos consejos para esos primeros momentos.

- ¿Cuál es el trabajo más raro que has tenido?
- ¿En qué país te verías viviendo si no fuera el tuyo?
- ¿Cuál es tu grupo de música preferido?
- ¿Qué sueles hacer los fines de semana?
- ¿Eres más de perros o de gatos?
- ¿Cuánto hace que no tienes un ataque de risa, de esos de no poder parar?
- ¿Cuál es tu comida preferida?
- ¿Qué es lo peor y lo mejor de tu trabajo?
- Si pudieras cambiar algo que ha pasado hoy, ¿qué sería?
- Si pudieras controlar tus sueños cuando duermes, ¿lo harías?
- ¿Eres de los míos y te cuesta hablar la primera vez o lo haces de manera natural?

- ¿Dónde te imaginas viviendo?
- Si te tocara la lotería, ¿qué harías?
- ¿Tienes manías? ¿Me las cuentas?
- ¿Qué es lo que peor llevas de las personas?
- ¿Qué es lo que más te gusta de las personas?
- ¿Tienes hermanos? ¿Cuántos?
- ¿Eres más de series o de pelis? ¿Me recomiendas alguna?

Resumen

- No tienes que irte a la otra punta del mundo para encontrar amistades, puedes buscarlas en tu entorno laboral o en las rutinas de tu día a día.
- Siempre es bueno aceptar planes, ya que siempre es un buen momento para conocer gente.
- El lenguaje corporal puede ser tu mejor aliado a la hora de empezar a crear vínculos.
- Tanto si eres introvertido como si eres extrovertido, es importante que tengas en consideración tus necesidades y las de los demás a la hora de crear y mantener amistades.
- Dar el primer paso para conocer a alguien puede asustar, pero lo peor que puede pasar es que no pase nada, ¡así que tampoco vas a perder nada!

EPÍLOGO

¿Cómo puede ser que un libro, que no deja de ser una maraña de palabras escritas en un papel, tenga tantísimo poder como para haberme ayudado a cambiar, a mejorar, a soltar, a luchar y a construir relaciones maravillosas de amistad? ¿Cómo puede ser que escribir haya sido no solo sanador, sino poderoso hasta el punto de ajustar mi perspectiva sobre la amistad, reconocer mis errores, esforzarme y responsabilizarme de tal manera que ahora, hoy, no siento culpa ni tristeza, sino amor, decisión y seguridad?

No he sido siempre el mejor ejemplo de amistad. ¿Quién lo es? La vida te mueve y, mientras, tú cambias. Y si antes te funcionaba una cosa, de repente ya no te sirve y tienes que cambiarla. El mundo de las relaciones es así, un flujo variable, impredecible y en constante movimiento.

Por eso, querida amiga, querido amigo, te recomiendo acudir a estas páginas siempre que lo necesites.

Acude para soltar.

Acude para recordarte lo que no está bien en una relación de amistad.

Acude para reconocerte y recordar lo que vales.

Acude para observar qué conductas o pensamientos quizá deberías cambiar.

Acude para saber si es posible que te estés saboteando de alguna manera.

Acude para sanar.

Acude para crear, para saber cómo y dónde hacer amigos.

Hazlo tuyo, escribe, subraya, dibuja. Porque es mi corazón para ti. Es mi regalo, para ti.

Mi historia, mi conocimiento, mi cariño, mi esperanza. Todo te lo doy, para que te sirva.

Es mi abrazo.

Y con este abrazo quiero recordarte una vez más y por última vez:

Que no estás sola en este mundo.

Que no debes conformarte con sentirte así para siempre.

Que vales la pena y eres suficiente.

Que estás hecha de todas las historias que has vivido tú y que han vivido por ti, y eso te convierte en una persona única e irrepetible.

Que debes encontrar a tu gente, porque te aseguro que existen.

Que tu gente suele estar más cerca de lo que crees.

Que practiques la confianza en que podrás conectar, confía en que hay gente maravillosa en este mundo que querría ser tu amiga.

Estoy segura de que yo querría ser tu amiga.

Y si no confías en ti, confía en mí. En lo que te digo y te aseguro.

Ahora, adelante. Tienes las herramientas, da el paso, pídete perdón, perdona, suelta, construye, atrévete.

Yo estoy contigo en todo el camino, me encontrarás y espero que me sientas, escondida entre las frases de este maravilloso libro.

Querida, querido..., **¡ha llegado la hora de hacer amigos mejores!**

AGRADECIMIENTOS

A las que se fueron y a los que se quedaron: gracias. Me habéis moldeado con vuestro cariño y amor y también con el dolor y las decepciones. Gracias por estar o por marcharos dejándome un aprendizaje tan valioso como lo fue mientras estuvisteis conmigo. Gracias por verme y sostenerme, por ser refugio en la tormenta, por respetarme, apoyarme y acompañarme en esta vida el tiempo que haya sido, el tiempo que vaya a ser.

Judit, Mar, Núria, Marina, Aidita, Rosa, Ari, Azahara, Marta, Carlota, Rebeca, Sandy, Sara, Maggy, Laura, María, Abril, Nefi, Diana, Gonzalo, Pau, Ana, Alicia, Esmi, Montoro, Natalia, Aarón, Adri, Yaiza, Ainhoa, Irene, Roser, María José y todo mi maravilloso equipo...

A ti, mi amor, gracias por ser mi compañero en todos los viajes de mi vida. Por apoyarme en todas mis ideas, locuras y objetivos. Por ser mi amigo además de mi pareja.

A mi familia: papá, mamá, mis hermanos, sobrinos, tíos y abuelos desde el cielo. Gracias por vuestro apoyo, por ser mis *cheerleaders*, por estar detrás, delante y al lado de cada uno de mis éxitos, por ser mi refugio y mi paz.

Y gracias a mi hija, mi maravillosa Emma, que puso mi mundo patas arriba. Que, con su llegada, filtró todas aquellas personas que realmente querían permanecer de las que no. Que me anima a ser mejor persona y una mejor amiga con mis amigas. Mi luz, mi motor y mi brújula.

BIBLIOGRAFÍA

Ainsworth, M. *et al.* (1978). *Patterns of attachment: A psychological study of the strange situation*. Psychology Press.

Allen, J. (2022). *Encuentra a tu gente: construyendo comunidades fuertes en tiempos de soledad*. Origen.

Beck, A. (2012). *Terapia cognitiva de la depresión*. Desclée De Brouwer.

Brown, B. (2019). *Desafiando la tierra salvaje: la verdadera pertenencia y el valor para ser uno mismo*. Vergara.

Cadoche, E. y De Montarlot, A. (2023). *La rivalidad femenina y cómo acabar con ella*. Ediciones Península.

Carnegie, D. (2023). *Cómo ganar amigos e influir sobre las personas*. Elipse.

Delgado, A. O. y Oliva Delgado, A. (2004). «Estado actual de la teoría del apego», *Revista de psiquiatría y psicología del niño y del adolescente*, 4(1), pp. 65-81.

Dunbar, R. I. M. (2018). «The anatomy of friendship», *Trends in Cognitive Sciences*, 22(1), pp. 32-51.

Ellis, A. y Grieger, R. (1997). *Manual de Terapia Racional-Emotiva*. Desclée De Brouwer.

Fritzen, S. J. (2020). *La ventana de Johari: ejercicios de dinámica de grupo, relaciones humanas y sensibilización*. Editorial Sal Terrae.

Garriga, J. (2020). *Bailando juntos*. Destino.

Lowndes, L. (1999). *How to Talk to Anyone: 92 Little tricks for big success in relationships*. Thorsons.

Ortega y Gasset, J. (2007). *La rebelión de las masas*. Editorial Centro Gráfico.

Sandstrom, G. M. y Dunn, E. (2013). «Is Efficiency Overrated?: Minimal Social Interactions Lead to Belonging and Positive Affect», *Social Psychological and Personality Science*, 5(4), pp. 437-442.

Esta obra se terminó de imprimir
en el mes de enero de 2025,
en los talleres de Impresora Tauro, S.A. de C.V.
Ciudad de México.